ISBN 978-0-428-08477-6
PIBN 11243594

English
Français
Deutsche
Italiano
Español
Português

www.forgottenbooks.com

Mythology Photography **Fiction**
Fishing Christianity **Art** Cooking
Essays Buddhism Freemasonry
Medicine **Biology** Music **Ancient**
Egypt Evolution Carpentry Physics
Dance Geology **Mathematics** Fitness
Shakespeare **Folklore** Yoga Marketing
Confidence Immortality Biographies
Poetry **Psychology** Witchcraft
Electronics Chemistry History **Law**
Accounting **Philosophy** Anthropology
Alchemy Drama Quantum Mechanics
Atheism Sexual Health **Ancient History**
Entrepreneurship Languages Sport
Paleontology Needlework Islam
Metaphysics Investment Archaeology
Parenting Statistics Criminology
Motivational

Dramatische

und

dramaturgische Schriften

von

Eduard Devrient.

Zweiter Band.

Dramatische

und

dramaturgische Schriften

von

Eduard Devrient.

Zweiter Band.

Die Verirrungen.
Der Fabrikant.
Die Kirmes.

Leipzig

Verlag von J. J. Weber.

1846.

Verirrungen.

Ein bürgerliches Schauspiel in fünf Akten.

1837.

Personen.

___

Kammerrath Engelhaus.

Seine Frau.

Mariane, seine Tochter.

Assessor Born, ihr Verlobter.

Banquier Nelling,
Amtmann Haber, } Vettern des Kammerraths.
Christoph, sein Sohn,

Der Präsident.

Der Geheimerath.

Seine Frau.

Der Tribunalrath.

Seine Frau.

Der Hofrath.

Seine Frau.

Lieutenant von Lorbeck.

Mamsell Jenner,
Friedrich, } im Dienste des Kammerraths.

Ein Bedienter Nellings.

Ein Dienstmädchen.

Ein Lohnlakey.

Erster Akt.

(Sehr elegantes Zimmer im Hause des Kammerraths. In der Hinter-
wand zwei Thüren, wovon die eine, offen stehend, ein Cabinet zeigt,
in dessen Tiefe die Thür zum Speisesaal sich befindet. Rechts zur Seite
im Hintergrunde eine Thür zu Marianens Zimmer, weitervor ein Clavier, flach gegen die Seite der Bühne, so daß der Spielende in die Coulisse sieht. Ganz im Vorgrunde ein kleiner Tisch, auf dem ein Schach-
und ein Dominospiel. Links zur Seite im Hintergrunde ein Fenster, weitervor ein Sopha, davor ein runder Tisch.)

Erster Auftritt.

Mamsell Jenner aus dem Speisesaale, gleich darauf Friedrich.

Jenner.

Friedrich! Friedrich! — Wo steckt er nur? (Sie geht
zur andern Thür, Friedrich tritt herein.) Mein Gott, wo bleiben
Sie denn? der Lohnlakey kann ja drinnen nicht allein
mit dem Serviren zu Stande kommen.

Friedrich (setzt sich).

Uf, nun muß ich mich erst einen Augenblick ausruhn. (Er trocknet sich den Schweiß) Das ist ja heut eine
Hitze, als wären wir schon im Juni.

1*

Jenner.

Aber wo waren Sie denn?

Friedrich.

Hier im Nebengäßchen bei unsres Kutschers Frau, drei Treppen hoch.

Jenner.

Und während der Tischzeit laufen Sie dahin?

Friedrich.

Mußte ich nicht? Kaum hatte ich das erstemal den Champagner herumgeschenkt, kriegt unser Fräulein den wohlthätigen Rappel und ich muß Hals über Kopf eine Flasche Champagner zu der kranken Frau tragen.

Jenner.

Nun das ist doch schön, daß sie an die Armen denkt, wenn sie etwas Gutes genießt; machen Sie nur, daß Sie hinein kommen.

Friedrich (steht auf).

Ja ja, es ist ganz schön, aber wenn sie der Kutscher=frau wohl thun will, braucht sie darum dem Bedienten nicht weh zu thun; (im Abgehn) und wer weiß, ob der kranken Frau der Champagner gar zuträglich ist.

Jenner (schon früher rechts mit dem Kaffeeservice beschäftigt).

Wie das vollauf hergeht hier in der Stadt! Ich kann mich noch gar nicht daran gewöhnen. Diese Gastereien, dieser Rumor, ob das nur in allen Häusern so ist? Ach dann wird hier in mancher Stunde verschwendet, womit man auf die ganze Lebenszeit glückliche Menschen machen könnte; ich mag gar nicht daran denken. Und dabei scheint es, sie haben selbst keine rechte Freude daran.

Friedrich (eine Zuckerschale in der Hand, kommt aus dem Speisezimmer).

Mamsell! Mamsell! Sie werden gleich aufstehen, Sie möchten den Kaffee fertig halten!

Jenner (eilfertig).

Der Zucker steht noch drinnen.

Friedrich.

Ich habe ihn mitgebracht.

Jenner.

Den Tisch vom Sopha zurück!

Friedrich (rückt ihn).

Machen Sie nur dem Herrn Bräutigam den Kaffee recht süß, denn er zieht heut wieder saure Gesichter.

Jenner (legt Theelöffel auf die Tassen).

Was Sie nicht alles sehen.

Friedrich.

Na des Herrn Assessors Gesichter sind auch deutlich genug.

Jenner.

Ein bischen Maulen ist unter Brautleuten nichts Neues.

Friedrich.

Die Stichelreden und schiefen Gesichter kommen nur jetzt ein bischen oft, aber der Herr Assessor hat Recht, daß er sich nicht Alles gefallen läßt; mein Seel, wenn ich es wäre, ich richtete einmal einen Spektakel an —

Jenner.

Still, ich glaube, sie kommen schon, geschwind, geschwind! (Beide ab zur Seite.)

Zweiter Auftritt.

Assessor Born, gleich darauf **Nelling.**

Born (geht verstimmt bis in den Vorgrund).

Ich habe es nun vorher gewußt, mir so oft gesagt, daß ich ein schweres Werk unternehme, daß nur Geduld und sichre Haltung unser Liebesglück erziehen könne, und immer wieder und wieder verliere ich das Gleichgewicht.

Nelling (aus dem Speisesaale).

Gesegnete Mahlzeit, Wilhelm! Ganz solo? Warum stiehlst Du Dich denn so vom Tische? Fängst wohl Grillen? Armer Junge, Du sträubst Dich noch, den Pantoffel zu küssen, hilft Dir nichts, hilft Dir nichts, nur zu! Und wenn, wie hier, solch ein appetitliches Füßchen darin steckt —

Born (verletzt).

Du hast Dir den Champagner schmecken lassen.

Nelling.

Warum nicht? Ich habe ja keine capriciöse Braut.

Born.

Nelling, wir sind Schulfreunde und ich sehe unsrer

alten Bekanntschaft viel nach, obschon im Uebrigen unsre
Wege nicht immer dieselben sind.

Nelling.

Rein, mein Sohn, nicht dieselben, sollte mich auch
verwünscht verdrießen. Ich möchte nicht mit Deinem von
Bedenklichkeiten, Pflichten, Grundsätzen und trübseligen
Ansichten überladenen Packwagen durch den Sand leiern.
Da sieh einmal Deinen künftigen Schwiegervater, der
weiß zu leben; war das nicht heut ein fürstliches Diner?

Born.

Es kann aber sehr bürgerliche Folgen haben.

Nelling.

Der Rechnungen wegen? Pah! er legt sie zu den
übrigen.

Born.

Und wo soll das hinaus?

Nelling.

Zum Hause hinaus wahrscheinlich, bei des Herrn
Vetters Bornirtheit ist wenig andres zu hoffen; ein ge=
wandter Kopf fände sich auch da heraus.

Born.

Die gewandten Köpfe vertrauen sich oft zu viel, auch
Dich sehe ich noch am Ende Deiner Geschicklichkeit, und
in Verzweiflung über ein verspeculirtes Leben.

Nelling.

Das nicht, das sicher nicht. Es kann einmal schief
gehen und ich auf dem Trocknen liegen, pah, was ist's

mehr? Dann lachen die Andren über mich, bis ich mich
wieder aufgerafft, um über sie zu lachen. Was wäre es
denn auch, wenn ich immer bequem im Vollen säße?
Der Wechsel allein macht den Lebensgenuß, ich muß heut
gequält, geprickelt, getrieben seyn, um morgen mit um
so größerer Begierde das Errungene genießen zu können.

Born.

So ist Dein ganzes Leben nichts als ein Hazardspiel.

Nelling.

Hältst Du das Deine für etwas Andres, trotz aller
Regelrechtigkeit und Strenge, womit Du Dir und An-
dern das Leben verbitterst? Ah Fare! Der Zufall, das
Glück, das sind die Götter unsres Lebens.

Born.

Nelling, ich bedaure Dich von Herzen, daß —

Nelling.

Und ich Dich, ich Dich. Sieh, ich würde mein
ganzes Leben am Pharotische hinbringen, wenn die
Karten nicht so einförmig wären. Ich muß ein combi-
nirtes Spiel haben, mit unerwarteten Wechselfällen, mit
schwierigen Charakteren, Leidenschaften, das reizt, das
stachelt, sich oben zu halten. Mit den gewöhnlichen Le-
bensgenüssen ist man bald am Ende; ich liebe das Raf-
finement unsrer Zeit. (Schlägt Born auf die Schulter.) Speculation! Speculation, mein Freund! das ist das Salz
unsrer Existenz! Wer nicht alle Tage zwischen einer Mil-

lion und dem Bettelbrode balancirt, der kennt den eigent=
lichen haut goût des Lebens gar nicht.

Born.

Nelling, Du bist entsetzlich! Auf diesem Wege ver=
spielst Du den letzten Rest der Menschheit in Dir.

Nelling.

Da siehst Du, es ist nicht mit Dir auszukommen, ich
rede vernünftig mit Dir, und Du fängst gleich an zu
moralisiren. Aha, die Tafel wird aufgehoben! (Man hört
Geräusch im Speisesaal.)

------ - - -

Dritter Auftritt.

Vorige. Mamsell Jenner hat mit **Friedrich** die Kaffee=
maschine gebracht und fängt an einzuschenken. Gleich darauf **Kam=
merräthin, Geheimeräthin, Tribunalräthin** und
Hofräthin.

Kammerräthin (aus dem Speisesaale).

Ist der Kaffee bereit?

Jenner.

Alles in Ordnung, Frau Kammerräthin.

Nelling.

Verehrte Cousine! (Er verbeugt sich, Born ebenfalls.)

Kammerräthin.

Gesegnete Mahlzeit, meine Herren! (Sie wendet sich
wieder nach dem Speisesaale, aus dem die Geheimeräthin, Tribunalräthin

und Hofräthin kommen.) Meine beſte Frau Geheimeräthin,
liebſte Tribunalräthin, wenn ich bitten darf, hier neh=
men Sie Platz.

Tribunalräthin.

Soll ich auf dem Sopha? — Frau Hofräthin, ich
bitte —

Hofräthin.

Frau Tribunalräthin, was denken Sie, nein, nein —

Tribunalräthin.

Ich bitte!

Hofräthin.

Ich ſitze ſchon. (Hat einen Stuhl neben dem Sopha genommen.)

Tribunalräthin (ſetzt ſich).

Wenn Sie durchaus verſchmähen — (Die Kammerräthin
iſt zum Kaffeetiſche gegangen.)

Geheimeräthin (welche ohne Weiteres auf dem Sopha Platz
genommen, heimlich).

Haben Sie bemerkt, beſte Tribunalräthin? wir wa=
ren Dreizehn am Tiſche, welche Ungeſchicktheit von der
guten Kammerräthin.

Tribunalräthin.

Wie in allen Dingen. Aber mein Gott, das macht
mir ordentliche Angſt!

Geheimeräthin.

Was mich betrifft, ich kenne keine Todesfurcht, das
fromme, gläubige Gemüth iſt immer fertig, des Rufes

in die Ewigkeit gewärtig. — Sie kommen doch zu
unsrem nächsten Thee?

Tribunalräthin.

Da man mich gewürdigt hat —

Vierter Auftritt.

Vorige. Der Kammerrath kommt aus dem Speisesaale.

Nelling (hinter dem Stuhle der Hofräthin, die er bisher
unterhalten).

Ja es ist eine ganz wunderliche Testamentsklausel,
die es ihr besiehlt.

Hofräthin (neugierig).

O davon müssen Sie mir mehr erzählen.

Kammerrath.

Meine Damen, ich habe die Ehre, eine gesegnete
Mahlzeit zu wünschen. (Küßt ihnen der Reihe nach die Hände)
Frau Geheimeräthin, Frau Tribunalräthin, Frau Hofrä-
thin, wohl zu bekommen!

Nelling.

Herr Cousin —

Kammerrath (küßt ihn auf beide Wangen).

Wohlzubekommen! (Indeß tritt die Kammerräthin zu den
Damen, Friedrich mit einem Theebrett voll Kaffeetassen.)

Kammerräthin.

Meine Damen, ein Täßchen Kaffee, wenn ich bitten
darf! (Sie nehmen.)

Fünfter Auftritt.

Vorige. Aus dem Speisesaale kommen: der Präsident, Geheimerath und Tribunalrath.

Kammerrath (ihnen entgegen).

Herr Präsident! (er verbeugt sich devot, dieser reicht ihm die Hand, und geht dann zu den Damen). Herr Geheimerath! (Sie küssen sich dreimal, ebenso mit dem Tribunalrath.)

Nelling (zu Born).

Giebt's etwas Lächerlicheres, als diese feierliche Küsserei nach Tische?

Born.

Die Herren wünschen sich Glück, die wichtigste Arbeit ihres Lebens vollbracht zu haben.

Sechster Auftritt.

Vorige. Mariane, der Hofrath, ein großes Buch tragend, der Lieutenant aus dem Speisesaale

Mariane (lachend).

Das wäre schön, hahaha! Ja, wenn die Frauen so leicht zu kommandiren wären, als Ihre Grenadire.

Hofrath.

In diesem Winter habe ich Sie, geschätztes Fräulein, doch einmal unter dem Commando des Herrn Lieutenants gesehn.

Mariane (lachend).

Des Herrn Lieutenants, mich?

Lieutenant.

Ja freilich, meine Gnädige, auf dem letzten Balle, wo ich die Touren des Contredanses commandirte.

Mariane.

Ah das war eine sehr flüchtige Autorität.

Lieutenant.

Ja leider! Wie schade, daß der Winter vorüber ist.

Mariane.

O wir sollten noch einmal tanzen, bevor es warm wird.

Lieutenant.

Das wäre wirklich deliziös!

Mariane.

Papa! Du mußt uns noch einen Ball geben.

Kammerrath (etwas betreten).

Einen Ball? Im Mai —

Mariane.

Wir wollen einen kleinen Nachwinter feiern, was geht uns die Jahreszeit an.

Kammerrath.

Nun, wenn Du meinst —

Mariane.

Also nächste Woche, meine Herrschaften, werden wir uns die Ehre erbitten — (sie verbeugt sich rundum, man erwiedert es.)

Lieutenant.

Charmant, deliziös!

Hofrath.

Sie wissen die Freude überall hervorzuzaubern.

Mariane (nimmt dem Hofrath das Buch ab, setzt sich neben die Hofräthin auf den Stuhl, den ihre Mutter so eben verläßt.)

Nun hierher, meine Herren, wenn sie hübsch artig sind, zeige ich Ihnen schöne Bilder. (Lieutenant, Hofrath und Nelling drängen sich um ihren Stuhl, sie hält das Buch und schlägt die Bilder auf, die Hofräthin neigt sich von der Seite über das Blatt — Kammerrath und Räthin treten mitten in den Vorgrund.)

Kammerräthin (leise).

Hast Du bei Tische etwas ausgerichtet?

Kammerrath (ebenso).

Noch nichts, es wird aber schon kommen.

Kammerräthin.

Du bist ungeschickt, ich werde mich nur an den Prä= sidenten machen.

Kammerrath.

Ich nehme den Geheimerath, das ist seine rechte Hand. (Die Räthin sucht den Präsidenten auf, der Rath wendet sich zum Ge= heimerath.) Herr Geheimerath, haben Sie auch Kaffee? Friedrich, hieher! Noch ein Täßchen, ich bitte ganz erge= benst; und wie wäre es denn mit einem Parthiechen Schach?

Geheimerath.

Macht nach Tische so heiß, lieber Kammerrath.

Kammerrath.

Oder Domino, Ihr Lieblingsspiel. Herr Geheime=

rath, ich bitte gehorsamst. (Er rückt einen kleinen Tisch mit dem Spiele rechts in den Vorgrund; für sich) Dabei halte ich ihn fest.

Geheimerath.

Nun denn, ein Parthiechen macht man wohl.

(Sie setzen sich.)

(Die Kammerräthin geht im Gespräch mit dem Präsidenten nach dem Fenster, wo man sie eifrig reden sieht. Der Tribunalrath steht an der Seitenlehne des Sopha's bei der Geheimeräthin, Born tritt zu der Gruppe am Bilderbuche.)

Mariane.

Nun aufgepaßt, meine Herren! Herr von Lorbeck, das ist etwas für Sie. Hier sehen Sie die Belagerung von Thionville, wo Hoche zum General=Abjutanten er= nannt wird.

Lieutenant.

Der Mensch hat ein ungeheures Avancement gemacht, vom Lieutenant zum General = Abjutanten, das arrivirt nicht so leicht. — Wenn es nur endlich einmal wieder Krieg gäbe.

Mariane.

O pfui, welch ein frevelhafter Wunsch! Wollen Sie Ihren Vortheil in der allgemeinen Noth, in dem Tode Ihrer Vordermänner suchen?

Lieutenant.

Ja du lieber Gott, gnädiges Fräulein, ein Jeder ist sich selbst der Nächste.

Mariane.

Und entfernt sich dadurch jedes fühlende Herz.

Hofräthin.

Liebe, Sie würden so nicht sprechen, wenn Sie die Braut eines Lieutenants wären und mit Sehnsucht auf die Compagnie warteten.

Mariane (mit Feuer).

Immer, immer würde ich so empfinden und sprechen. Jedes Glück, das man zum Nachtheil seines Nebenmenschen erlangt, muß härter drücken, als die größte Noth.

Born (hat ihre Hand genommen, küßt sie, halblaut).

Schön, schön, meine liebe Mariane.

Hofrath.

Ueberaus zart und fein gefühlt.

Mariane (zieht Born die Hand fort, unmuthig).

Es ist verdrießlich, wenn man über Gesinnungen gelobt wird, die sich bei jedem Menschen von selbst verstehen sollten. (Blättert weiter in dem Buche.)

Kammerrath (während des Spieles).

Sie haben vollkommen Recht, Herr Geheimerath, aber ist es nicht natürlich, daß man bei so langen treuen Diensten auch Anerkennung wünscht? — Man will doch vorwärts —

Geheimerath.

Lieber Kammerrath, in unsrem Alter ruht man lieber aus —

Kammerrath.

Bitte gehorsamst, Herr Geheimerath, ich denke noch

nicht an Ausruhn, ich will mich doch in meiner Carriere poussiren. —

Geheimerath.

Ueberlassen wir das unsern Kindern. Geben Sie Acht, Ihr künftiger Schwiegersohn wird nicht lange auf sich warten lassen, das ist ein tüchtiger Kopf.

Kammerrath.

Sehr schmeichelhaft, unendlich schmeichelhaft, Herr Geheimerath. Aber ein Eisenkopf auch, nicht wahr, Herr Geheimerath? Weiß die dehors nicht zu menagiren, will immer Recht haben, Alles besser wissen und ist doch nur ein junger Mann, ist doch nur ein Assessor.

Geheimerath.

Nun, nun, die Jugend muß ausgähren, er wird wohl werden.

Mariane (schlägt das Buch zu).

Und so weiter, ich bin der Bilder überdrüssig.

Hofräthin.

O wie schade —

Mariane.

Wie kann man denn so lange bei einer Sache aus= halten?

Hofräthin.

Bitte, liebes Fräulein, geben Sie mir das Buch. (Sie steht damit auf, die Tribunalräthin tritt zu ihr in den Vorgrund.)

Tribunalräthin.

Besonders feinen Takt hat das gute Kind nicht

Hofräthin.

Solche Unarten machen jung. (ruft) Herr Nelling, wollen Sie uns wohl dies Blatt erklären?

Nelling.

Zu Befehl, meine Damen!

Tribunalräthin.

Das ist eine Feuersbrunst —

Nelling.

Es ist der Vesuv.

Tribunalräthin.

Aha, er ist eben im so — im — im Feuergeben be=griffen. (heimlich zur Hofräthin) Mein Gott, ich hätte beinahe speien gesagt.

Hofräthin.

Ist das auch ein anstößiges Wort?

Tribunalräthin.

Aber beste Hofräthin — (diese hat weiter geblättert)

Nelling.

Eine Plantage im Paraguay.

Tribunalräthin.

Es scheint da sehr heiß zu seyn.

Nelling.

Ja wohl. Darum tragen die Sklaven nichts als ein leichtes Beinkleid.

Tribunalräthin

(sieht ihn von der Seite an und geht auf ihren Platz zurück, für sich).

Indecenter Mensch!

Hofräthin (halblaut, neugierig).

Nun erzählen Sie mir geschwind die Testamentsge=
schichte. Also Fräulein Mariane verliert die Erbschaft,
wenn sie nicht im zwanzigsten Jahre heirathet?

Nelling.

Ganz richtig, und ihr Vetter Haber erhält sie dann.

Hofräthin.

Ist's viel, was sie erbt?

Nelling.

Ach 20,000 Thaler, der selige Onkel hätte sich da=
mit nicht so wichtig machen sollen.

Hofräthin.

Sprechen Sie doch leiser! (Sie blättert weiter.) Und wo=
her kommt denn die närrische Bedingung?

Nelling.

Der selige Onkel hielt sehr viel auf die Ehe, und da
Mariane dagegen eingenommen schien, spröde gegen die
Männer that —

Hofräthin (boshaft lächelnd).

Nun den Fehler hat sie jetzt abgelegt.

Nelling.

Ja, sie hat sich etwas gebessert — nun da hat er sie
denn durch die Testamentsklausel zur Ehe zwingen wollen.

Hofräthin.

Zwanzig Jahre muß sie bald seyn, sie hat also Ur=
sach, mit ihrem Bräutigam säuberlich umzugehn, denn
wenn der dicht vor ihrem Geburtstage zurückträte —

Nelling.

Da wäre Mann und Erbschaft verloren, ein doppel=
tes Unglück. (Beide verlaſſen den Vorgrund und gehen zu dem
Damenkreiſe.)

Hofrath (zu Mariane).

Wären Sie nicht geneigt, mein Fräulein, uns durch
etwas Muſik zu beglücken? Ein Lied, eine Barcarole —

Lieutenant.

Auf Ehre, Sie ſollten uns etwas zum Beſten geben.

Mariane.

Ach, ich werde heut nicht ſingen können.

Kammerrath (zum Geheimerath).

O nein, nein, ich verkenne meine Stellung nicht, ich
bin doch Rath, Kammerrath, ſeit zehn Jahren, und
wenn der Staat einmal meines Rathes bedürfen wird, ſo—

Geheimerath.

Unbedenklich wird man ihn dann begehren.

Kammerrath (geſchmeichelt).

Ich hoff' es, hoff' es, Herr Geheimerath! Aber man
bleibt doch nicht gern was man iſt, man will doch tiefer
eindringen — in das Innere — in das Geheime —
mein Gott, wer heut zu Tage öffentlich gelten will, muß
etwas Geheimes ſeyn.

Geheimerath.

Ei, nicht doch, beſter Kammerrath, heut zu Tage
trägt man ja überall die Inſignien der Oeffentlichkeit
vor, wer wollte da ſich noch um Geheimes bemühn.

Kammerrath (lebhaft).

Oeffentliche Insignien. Ja, verehrtester Herr Geheimerath, die, die wünsche ich mir auch! Nicht wahr, nicht wahr, ich darf mir Ihre Andeutung günstig auslegen?

Geheimerath.

Was denn, was hätt' ich denn gesagt?

Kammerrath (freudig).

Werde vorgeschlagen, — das nächste Mal — nicht? — Werden's dem Herrn Präsidenten unter den Fuß geben — hier im Knopfloche —

Geheimerath.

Aber verehrter Freund —

Kammerrath (ergreift seine Hand über den Tisch hin).

Herr Geheimerath, bin ich Ihr Freund, so lassen Sie ein Wörtchen fallen zur rechten Zeit. Ich bin ein alter Mann, ein treuer Staatsdiener — sehn Sie, ich weine, Herr Geheimerath — alle Morgen der Erste auf dem Büreau — soll man nicht auf meinen Grabstein setzen: Hier ruht der Geheimekammerrath Engelhaus, Ritter p. p.?

Geheimerath.

Ich wünsche von ganzem Herzen —

Kammerrath.

Ich will einkommen darum, Herr Geheimerath, das möchte wohl gut seyn, nicht wahr?

Geheimerath.

O weh, da haben Sie unser Spiel verschoben!

Kammerrath.

Bitte unterthänigst um Entschuldigung!

Hofrath (zu Mariane).

Nein, Sie werden uns nicht los, geschätztes Fräulein. Ein kleines Liedchen nur —!

Lieutenant.

Eine Romanze!

Geheimeräthin.

So ein Psalm von Marcello!

Präsident (macht sich von der Kammerräthin los).

Ja, mein Fräulein, Sie sollten uns einen keinen Ohrenschmaus bereiten.

Geheimerath (fast zugleich aufstehend).

Ja, ja, singen Sie etwas!

Kammerräthin.

Marianchen, der Herr Präsident wünschen —

Kammerrath.

Der Herr Geheimerath möchten —

Born.

Ich dächte, liebe Mariane, Du machtest uns die Freude.

Mariane.

Mein Gott, so gleich nach Tisch kann man nicht singen.

Born.

Deine Schmetterlingsmahlzeit wird dich nicht hindern.

Kammerrath.

Ich werde Noten holen, wir wollen etwas aussuchen. (Er geht zum Clavier.)

Mariane.

Ach, ich kann nicht, ich bin unwohl.

Hofrath (besorgt).

Mein Himmel, unwohl, so plötzlich?

Mariane.

Ich bin schon den ganzen Tag über krank.

Nelling (ironisch).

Du lieber Gott, und haben sich bis jetzt nichts merken lassen, das ist doch hübsch.

Born.

Solche Krankheiten, liebe Mariane, vergehn am schnellsten, wenn man sie nicht achtet.

Mariane (bitter).

Ja, wer sie nicht empfindet, wer auch kein Mitgefühl dafür hat, dem wird es leicht, sie nicht zu achten. Ich kann jetzt nicht singen.

Lieutenant (kleinlaut).

Sie Grausame!

Kammerrath (kommt mit einem Pack Noten vorn bei dem Spieltischchen vorbei. seine Frau tritt ihm entgegen).

Kammerräthin (schnell und heimlich).

Nun, was hast Du ausgerichtet?

Kammerrath (ebenso).

Steht gut, Alles gut, ich kriege einen Orden.

Kammerräthin.

Wirklich?

Kammerrath.

So gut wie gewiß.

Kammerräthin.

Ich war nicht so glücklich. So oft ich vom Geheime=
rathstitel anfing, lobte der Präsident unser Diner.

Kammerrath.

Es hat ihm geschmeckt? — Vortrefflich! Was wollen
wir mehr? — Es hat ihm geschmeckt, so werde ich auch
Geheimerath.

Präsident.

Wir wollen wirklich das Fräulein nicht mehr bestür=
men, da sie leidend ist —

Born.

Ich möchte auch dazu rathen, da sie es mir so be=
stimmt abgeschlagen, ist sie wohl nicht zu bewegen.

Mariane (steht auf, heftig).

Ich werde singen! (höflich) Ich will es versuchen, da
die Herren es so sehr wünschen. (sich gegen den Geheimerath
und Präsidenten neigend) Papa, die Noten! (Sie nimmt sie dem
Kammerrath aus der Hand und geht rasch zum Clavier.)

Lieutenant und Hofrath (folgen und klatschen in die

Hände). Herrlich! Vortrefflich! Deliziös!

Geheimeräthin (steht auf, zu den Damen).

Wollen wir nicht auch näher gehn?

Hofräthin.

Lange genug hat das liebe Kind sich bitten lassen.
(Sie gehn zum Clavier.)

Born (für sich).

Es ist zu arg, zu arg, ein Heiliger verlöre da die
Geduld!

Nelling.

Nicht so morbleu, Wilhelmchen! Setz' Dich zu mir, es hört sich von Weitem auch gut, und bequemer. (Er wirft sich in die Sopha=Ecke.

Präsident (in den Vorgrund tretend, zum Geheimerath).

Wenn Sie wüßten, welch eine peinliche Viertelstunde ich da' im Fenster zugebracht habe, die Frau stürmte mit dem lächerlichsten Begehren auf mich ein.

Geheimerath.

Ach und was habe ich gelitten, Herr Präsident, an diesem Tischchen, es ist unglaublich. Orden, Geheime=rathstitel —

Präsident.

Ganz recht.

Geheimerath.

Nein, wenn man in dem Hause nicht so gut äße, es wäre nicht zu ertragen.

Präsident (lächelnd).

Wohl wahr!

Geheimerath.

Daß der wunderliche alte Mann seine Stellung so wenig begreift, will noch Carriere machen! Er wird sich wundern, wenn die ——

Präsident.

Still, still, lieber Freund, keine böse Prophezeiungen.

(Sie gehen zum Clavier, wo die ganze Gesellschaft einen Kreis um Ma=riane geschlossen hat, welche man präludiren hört*). Nelling und Born sind im Vorgrunde.)

———————

*) Bei dieser Einrichtung kann das Lied in der Coulisse von einer andern Person gesungen werden, ohne daß es auffallen wird.

Mariane (fängt an zu singen „Freudvoll und leidvoll" von Beethoven, nach wenig Takten hört sie auf.)

Nein, das geht nicht!

Die Herren.

Oh, oh, oh! wie schade!

Mariane.

Ich will etwas andres versuchen.

(Born schüttelt verdrießlich den Kopf.)

Nelling.

Meine schöne Cousine ziert sich etwas, schadet nichts.

Mariane (fängt eine italienische Canzone an).

Nelling (halblaut).

Siehst Du, an all' diese Dinge mußt Du Dich bei Zeiten gewöhnen, hübsch ja sagen, wenn sie das Köpf=chen aufsetzt, sonst wirst Du abgetrumpft wie vorher, und was hast Du dann von der Blamage?

Born.

Das wird sich ändern, glaube mir. Alle Fehler Marianens haben in dem Außerordentlichen ihres Cha=rakters ihren Grund. Es ist ein Sinn für das Starke und Große in ihr, vor dem all' diese Kleinlichkeiten zu=letzt versinken werden; freilich nach manchem Kampfe, aber ich will auch daß meine Liebe mir etwas zu schaf=fen mache.

Nelling.

Nun dafür scheint mir hinlänglich gesorgt.

Kammerrath (der den Kreis der Zuhörer umschleicht, um den Beifall zu beobachten, winkt nach vorn). St! St!

Born.

Sprich leiser. Sieh, ich mag die modernen, wohl-
erzogenen Mädchen nicht, in denen alle Neigung, aller
Wille gänzlich ausgebleicht und ausgezogen ist. Wo ein
frisches, kräftiges Leben sich regt, da ist es auch zur
Schönheit zu erziehen.

Nelling.

Ueber Deine thörichte Erziehungswuth!

Kammerrath.

Pst! Stille doch!

Nelling.

Du bist ein beneidenswerther Kerl, daß Du ein schönes Weib bekömmst, genieße Dein Glück und scheere Dich
nicht weiter um ihre Marotten. Man muß jeden seines
Weges laufen lassen.

Born.

Dann möchte man sich am Ende nie wiederfinden.

Kammerrath (kommt scheltend heran).

Aber meine Herren, stille doch! Jetzt kommt ja die
schöne Cadenze. (Geht zurück.)

(Mariane schließt. Alles klatscht und ruft: Bravo! Vortrefflich!
Die Gesellschaft kommt in den Vorgrund, Nelling und Born stehen auf.)

Hofrath.

Ganz hinreißend, mein Fräulein! Nur ein allzu-
kurzer Genuß.

Lieutenant.

Ganz delizios! Wirklich eine famose Stimme.

Geheimeräthin.

Sie liebes Kind! (Küßt sie.)

Tribunalräthin.

Ein außerordentliches Talent!

Geheimeräthin (zur Tribunalräthin, bei Seite).

Die Stimme ist nicht bedeutend.

Tribunalräthin.

Ganz gewöhnliches Dilettantenwesen.

Born.

In der That, es ist zu bewundern, daß es sich bei solchem Unwohlseyn so artig singen läßt.

Kammerrath.

Sie haben ja gar nichts davon gehört, haben ja fortwährend geplaudert und gestört.

Mariane.

Wirklich?

Born.

Wurde doch für mich nicht gesungen.

Nelling (auf der rechten Seite zum Lieutenant).

Ich gäbe was darum, wenn ich jetzt eine einzige Cigarre rauchen könnte.

Lieutenant.

Ja die verwünschte Gêne in den Gesellschaften!

Nelling.

Kommen Sie, wir drücken uns, ich weiß, wo es hübscher ist. (Sie entfernen sich.)

Siebenter Auftritt.

Vorige. Friedrich.

Friedrich (tritt zum Präsidenten).

Der Wagen des Herrn Präsidenten. (Präsident nimmt seinen Hut.)

Geheimerath.

Ist mein Wagen nicht auch da?

Friedrich.

Schon eine gute Weile.

Präsident.

Ich bitte, sich durchaus nicht stören zu lassen, mich rufen noch Geschäfte.

Kammerrath.

Es war mir eine außerordentliche Ehre —

Kammerräthin.

Der Herr Präsident haben uns überaus glücklich ge= macht. (Beide begleiten ihn hinaus.)

Präsident.

Bitte, bitte, bemühen Sie sich nicht! (Er begrüßt die Gesellschaft zu beiden Seiten zum Abschied. Man bricht nun allgemein auf. Mamsell Jenner bringt die Tücher der Damen, Friedrich und der Lakey die Hüte der Herren.)

Geheimeräthin (küßt Mariane).

Der Himmel behüte Sie, mein liebes, gutes Kind!

Geheimerath.

Mich ergebenst zu empfehlen.

Hofräthin (küßt Mariane).

Adieu, meine Beste!

Tribunalräthin (ebenso).

Sie reizende Nachtigall, leben Sie wohl! (Die Herren empfehlen sich mit Verbeugungen, reichen dem Affessor die Hände u. s. w. Dieser begleitet sie zur Thür, Mariane setzt sich verstimmt auf das Sopha. In der Thür begegnen den Abgehenden der Kammerrath und die Räthin)

Kammerrath.

Wollen Sie uns auch schon verlaffen?

Kammeräthin.

Es ist noch so früh.

Tribunalräthin.

Wir sind schon zu lange beschwerlich gewesen.

Kammerrath.

Was sagen Sie, meine Geehrteste! (Er begleitet die Abgehenden hinaus.)

Kammeräthin (im Abgehn, schon außerhalb).

Empfehlen Sie mich Ihrer lieben Schwester, wir haben sehr bedauert, sie heut nicht gesehn zu haben!

Achter Auftritt.

Born und Mariane.

(Pause.)

Born (nähert sich ihr, sanft).

Wir haben keine festliche Stimmung von dem heutigen Gastmahle davon getragen.

Mariane (nach kurzer Pause, murrend).

Ich hab's gesagt, ich bin unwohl.

Born.

Unmuthig bist Du, Mariane, und hast es mich sehr bitter vor allen Fremden empfinden lassen.

Mariane.

Habe ich nicht vor allen Fremden Deine Theilnahm=losigkeit, Deinen lieblosen Spott über mein Unwohlseyn empfinden müssen? Wer für meine Leiden kein Mitgefühl hat, sie sogar lächerlich machen kann, wie kann der mich lieben?

Born.

Ich weiß wohl, daß es für die große Zahl der Frauen die empfindlichste Beleidigung ist: an ihre eingebildeten Uebel nicht zu glauben.

Mariane.

Eingebildet?

Born (immer ruhig).

Vielleicht oft noch schlimmer als das, aber ich glaubte, meine Mariane wäre über diese weibischen Klein=lichkeiten hinaus. Du liebst es ja sonst nicht, unter dem großen Haufen zu stehen und hast zu viel Geist, um Deine üble Laune in so ärmlichen Formen erscheinen zu lassen.

Mariane.

Laune, immer Laune! Das ist das Wort, womit die Männer auch unsre tiefsten Empfindungen abfertigen. Lassen wir uns einmal von dem Sonnenscheine täuschen,

der unsre Augen über die Kette verblendet, an die unser
armes Geschlecht geschmiedet ist, durchdringt einmal die
frische Heiterkeit eines Freiheitstraumes unsre Seele, so
heißt es: sie ist guter Laune; fühlen wir aber im zer=
rissenen Herzen unser Elend in aller Bitterkeit, so zuckt
Ihr die Achseln: sie ist übler Laune.

Born.

Liebe Mariane, Deine Vorliebe für dies moderne
Thema der Frauenfreiheit nimmt Dich so ganz gefangen,
daß Du darüber Deine eigenen Verhältnisse in falschem
Lichte siehst. Du kannst nicht glauben, daß ich gering
von Dir denke, Du weißt ja, daß ich Dich liebe.

Mariane.

Woran sollt' ich das wohl erkennen?

Born.

Am Schlage Deines eigenen Herzens, an der Ueber=
zeugung Deiner Seele, aus der die Erinnerung an die
Stunde nicht entschwunden seyn kann, da wir vor Gottes
Augen uns verlobten. Es war ja nicht leichtes äußeres
Wohlgefallen, was uns zusammenführte, es war die
Weihe eines höhern Lebens, die Begeisterung war es für
das ewig Wahre und Schöne, die unsre Seelen an einan=
derriß; kannst Du's vergessen haben, Mariane, kannst
Du so Deinem bessern Selbst, dem Urbilde meiner lieben=
den Anbetung untreu werden?

Mariane (schweigt, die Hand, womit sie den Kopf schmollend
hält, fährt über ihre Augen).

Born (ſetzt ſich zu ihr auf das Sopha)

Sieh, mir iſt unausſprechlich weh, daß ich ſo zu
Dir reden muß, Zwieſpalt mit Dir iſt ja wie Streit und
Zerriſſenheit in meinem eignen Innern. — Gieb'mir die
Hand und ſieh mich einmal an. (Sie läßt ihm die Hand und
wendet ſich ein wenig gegen ihn) Haſt Du jene Blicke nicht mehr
für mich, die in den erſten Zeiten unſrer Liebe mich zu
den Seligen erhoben? (Sie ſchlägt unſchlüſſig und beſchämt die
Augen nieder) Wie ſchön bewährte damals ſich der edle Wille
Deiner ſtarken Seele, er war's, der alle Hinderniſſe be-
zwang, die unſrer Liebe ſich entgegenſtellten. Seitdem
wir ungehindert uns gehören ſcheint es, als habe unſre
Liebe ihren Werth für Dich verloren. — Laß uns in die-
ſer Stunde Alles durchſprechen, was ſeitdem zwiſchen uns
getreten iſt. Dieſe keinen, äußeren Anläſſe können es
nicht ſeyn, die Dein Betragen gegen mich ſo ungleich
machen.

Mariane.

Sie ſind's auch nicht, wenn ich es denn ſagen muß,
es iſt das unwürdige, ſklaviſche Verhältniß, in das Du
mich hinabbrücken willſt. (Sich nach und nach erhitzend) Ich
will mich länger nicht vom Morgen bis zum Abend mei-
ſtern laſſen. Jeder Blick, jeder Athemzug macht mir
ſchon Sorge, ob er auch vor Deinen Augen Gnade finden wird. Ich will die herkömmliche Unterwürfigkeit der
Frauen nicht theilen, ich will ein freies, ſelbſtſtändiges
Weſen ſeyn. Warum ſoll das Weib nicht ſo gut wie der

Mann in seiner Eigenthümlichkeit sich ausleben dürfen?
Es ist nicht wahr, es soll nicht wahr seyn, daß wir allein
für Euch geschaffen sind; ich fühle, daß die Männer
mehr um unsrer willen da sind, als wir für sie.

Born (lächelnd).

Die Dichter aller Zeiten sind ja auch längst darüber
einig, daß das Weib die Königin der Schöpfung ist, und
wie viele Ehemänner bekennen sich nicht zu demüthigen
Vasallen Eurer Herrschaft?

Mariane (gereizt).

Du kannst spotten, wo meine Seele auf's tiefste be=
wegt ist? das ist empörend! (Sie steht auf.)

Born (folgt ihr).

Ich spotte nicht, Mariane, ich fühle mich nur zu
schwach, die große Emancipationsfrage, die Du mir zu=
wälzest, im Ernste zu bewältigen. Ich wiederhole Dir,
daß ich im Allgemeinen die Stellung der Frauen nicht
gerecht finde, aber glaube mir, der Ausweg, den Deine
Heftigkeit einschlagen will, führt nur zu Thorheit oder
Sünde; er reißt Dich über die Schranke der Sitte hin=
aus, jenseits welcher das Weib ihr eigenstes Wesen ver=
nichtet. Weiblichkeit ist Euer höchstes Kleinod, Euer
mächtigster Talisman, trachtet nur, sie fleckenrein zu hal=
ten, so wird der Mann Euch volle Geltung zugestehn.

Mariane.

Zugestehn, also immer nur von Eurer Gnade sollen
wir empfangen. Das höchste Maaß der Vollkommenheit

sollen wir erst in Demuth erstreben, dann wollt Ihr uns allenfalls gelten lassen. Das ist's ja, das ist's, was mich empört, daß Deine Anerkennung erst mir Werth verleihen soll.

Born.

Du übertreibst bis zur Unwahrheit, Mariane. Wenn dies Band der geistigen Forthülfe, des Strebens, unsre Seelen zu ergänzen, unter uns zerreißen soll, welch andres könnte uns für die lange Ewigkeit verbinden? Im blinden Wohlgefallen an einander ist die Ehe das Grab der Liebe. Welch einen andern Zwang hab' ich Dir jemals auferlegt, als den Deines eignen Herzens? Die freie Neigung führte uns zu einander, erkennst Du nicht, daß nur in der Liebe vollkommene Freiheit ist, da sie im Gewähren und Empfangen gleich süß beglückt? Da Eins des Andren volles Eigenthum und darum kein Gebieten, kein Gehorchen, kein Zwang und keine Weigerung möglich ist? Sind wir nicht untrennbar Eins, Mariane? Sind meine Schmerzen denn nicht Deine Schmerzen? Sind Deine Fehler denn nicht auch die meinen, und soll ich nicht sie auszutilgen streben? Sollen wir von unsrer Liebe nicht eine höhere Reife unsres ganzen Daseyns empfangen?

Mariane.

Geh, geh, Du lullst mich nicht ein mit Deinen schönen Worten, die Du doch täglich zu Lügnern machst. Bin ich in Wahrheit ein Theil Deines eignen Lebens, so

3 *

bin ich es auch, wie ich bin, nicht, wie ich seyn könnte. Warum sieht denn mein Auge an Dir nicht so tausenderlei Fehle, als Deines an mir?

Born.

Mich hat das Leben schon länger erzogen, Du stehst erst an seiner Schwelle und die übergroße Nachsicht Deiner Eltern hat Deine Selbstkenntniß allzusehr verspätet.

Mariane.

· Und Du denkst das Versäumte nachzuholen, denkst mir alle Freiheit zu nehmen, mich meiner Natur nach auszuleben?

Born (lebhaft).

Ja denn, Mariane, ich hoffe von unsrer Liebe, sie werde Deinen Eigenwillen mäßigen, den Du für einen edlen Freiheitstrieb hältst und der Dich oft in den Strudel kindischer Launen und Capricen reißt.

Mariane.

Wie?

Born.

Ich hoffe, sie werde Dein schönes Herz aus den Versuchungen der Eitelkeit erlösen, die es nur zu oft mit dem Hange nach tausend Aeußerlichkeiten beschleichen, ja, Dich an die Grenzen der Coquetterie und Ziererei treiben.

Mariane (heftig).

Das ist zu arg! Solch ein verächtliches Wesen siehst Du in mir, und giebst vor, mich zu lieben? O wohl mir, wohl mir, daß die Binde mir von den Augen fällt und ich Deine tugendstolzen Lügen erkenne. Ein Zerrbild menschlicher Schwächen siehst Du in mir und willst das Kunststück der Erziehung an mir versuchen!

Born.

Mariane!

Mariane (immer heftiger fortfahrend).

Wer Makel an der Geliebten bemerkt, der liebt auch nicht. Kannst Du nicht meine Schwächen und Irrthümer mit mir lieben, so weißt Du nicht, was Liebe ist; Du kannst die kalte Pflicht, die Wahrheit, das dürre Recht lieben, aber keines Mädchens Herz beglücken! Betrogen hast Du mich, betrogen, als ich allein Dein Herz ganz auszufüllen dachte, und alle Wonne des Himmels in meine Seele ausgegossen träumte!

Born.

Du frevelst, Mariane, an unsrer Liebe, an Deiner eignen Seele!

***

Neunter Auftritt.

Vorige. Kammerrath. Kammeräthin.

Kammerrath.

Ihr seyd ja so laut hier, was giebt's denn, zankt Ihr Euch?

Kammeräthin.

Mein Gott, und Du weinst ja, Marianchen, was hast Du denn, mein Kind?

Mariane.

Ach, ich bin unglückselig!

Kammerrath.

Um's Himmelswillen, liebes Töchterchen, was ist Dir? — Herr Affessor, was haben Sie ihr gethan, wie können Sie mein Kind zu weinen machen?

Born (begütend).

Lassen Sie, lieber Vater! —

Kammerrath.

Nein, ich lasse das nicht, Sie sollen mein Kind nicht unglücklich machen!

Mariane.

Was ist denn Deine Liebe, wenn Du mich für lau= nisch, für eitel und capriciös hältst?

Kammerrath und Kammerräthin (entsetzt).
Was?

Born.

Die Liebe giebt mir die Zuversicht, daß Du Dich än= dern wirst.

Kammerrath.

Aendern soll sie sich?! Herr Affessor, mein himmli= sches, göttliches Kind sich ändern?

Kammerräthin.

Abscheulich, wie können Sie mein Kind so ärgern?

Kammerrath.

Beruhige Dich nur, Herzchen!

Mariane.

Müssen gerade Deinem Auge meine Fehler so riesen=
haft erscheinen?

Kammerräthin.

Fehler? I mein Kind, nicht doch!

Kammerrath.

Wer wirft Dir denn Fehler vor? Wer denn?

Born.

Mariane, jetzt ist es wohl nicht geeignet, dies Ge=
spräch fortzusetzen.

Kammerrath.

Warum nicht, warum nicht? Wollen Sie es fort=
setzen, wenn ihre Eltern ihr nicht beistehn, wenn Sie sie
ungestört quälen können? Was wollen Sie, was haben
Sie gegen mein Kind?

Born.

Ein ander Mal —

Kammerrath.

Nein, jetzt will ich es wissen, Herr Assessor, ich habe
mein Kind erzogen und sie macht mir Ehre.

Kammerräthin.

Ist sie nicht die Krone aller Gesellschaften?

Kammerrath.

Sie beleidigen mich in meinem Kinde. Warum ha=
ben Sie denn alle Mittel in Bewegung gesetzt, um meine
Einwilligung zu erhalten? Habe ich nicht mit Händen

und Füßen mich gegen diese unpassende Parthie gewehrt?
Was wollen Sie denn nun?

Born (fortgerissen).

Ich will eine Frau nach meinem Sinne und nicht
nach dem Ihren.

Mariane.

Eine Sklavin willst Du, die werd' ich niemals wer=
den. (Man sieht sie heftig weinen.)

Kammerrath (mit größter Heftigkeit).

So gehn Sie, suchen Sie eine nach Ihrem Sinne,
Ihre Verbindung mit meiner Tochter ist gelöst!

Born.

Sie scherzen, lieber Vater! — Man spielt nicht mit
feierlichen Zusagen, Mariane hat mein Wort, ich habe —

Kammeräthin.

Nehmen Sie es zurück, mein Herr, es soll Sie nicht
an meines Kindes Capricen binden.

Mariane (leidenschaftlich).

Ja, seyn Sie frei, frei wie der Vogel in der Luft,
ich will es auch wieder seyn!

Born.

Du sprichst im Zorne, ich rechne Dir's nicht zu.
Lassen Sie uns besonnener verfahren, lieber Vater!

Kammerrath.

Ich verbitte mir diese Benennung, nennen Sie auch
meine Tochter nicht mehr Du — Sie haben gehört,
Ihr Verhältniß ist abgebrochen. In Kurzem werden Sie

erfahren, was für Connexionen Sie mit meiner Tochter
Hand verscherzt haben.

Born (lebhaft).

Ich habe mit Marianens Hand keine Connexionen
gesucht.

Kammerrath.

Ich weiß wohl, das ist dem stolzen Herrn zu gering,
der immer nur auf eignen Füßen stehen will.

Born.

Sie haben Recht, ich will dem Verdienste Alles,
nichts der Gunst verdanken.

Kammerrath.

Gratulire zu diesen Ansichten, gratulire, Herr
Assessor, werden es weit damit bringen.

Born (immer aufgeregter).

Wir leben in Zeiten und in einem Staate, wo jedes
tüchtige Bestreben seine Anerkennung findet, wo man
nicht nöthig hat, um seiner Beförderung willen, sich
durch Feste und Gastmahle zu ruiniren.

Kammerräthin (erschrocken).

Ruiniren?

Kammerrath.

Was soll das heißen, Herr Assessor? Soll das mir
gelten? Wollen Sie auch mich meistern, junger Herr?

Kammerräthin.

Nun, das fehlte noch! Wenn Sie auch den Respekt
gegen den Vater aus den Augen setzen, was sollte aus

meinem armen Kinde werden, wenn es ganz von Ihnen abhängig wäre?

Born.

Der Gaben würdig soll sie werden, die die Natur an sie verschwendet hat.

Mariane.

So bin ich ihrer jetzt unwürdig?

Kammerrath.

Es ist genug der Unverschämtheiten, befreien Sie uns von Ihrer Gegenwart!

Mariane.

Ich erspare Ihnen die Mühe der Erziehung, gegen die sich mein ganzes Wesen empört, ich werde mich nie, niemals Ihrer Zuchtruthe unterwerfen! (Sie setzt sich erschöpft auf's Sopha, die Räthin tritt zu ihr.)

Born.

Mariane!

Kammerrath.

Werden Sie uns verlassen, Herr Assessor?

Born.

Mariane, ist das Dein Wille?

Mariane.

Gehen Sie, Ihr Anblick ist mir verhaßt! (Sie wendet sich von ihm.)

Kammerrath.

Da hören Sie es!

Kammerräthin.

Mein Kind will Sie nicht mehr sehn!

Born.

Genug, ich gehe. Vielleicht kommt eine Zeit, wo Sie mit Reue dieser Stunde gedenken, in der Sie ein redli= ches Sohnesherz von sich wiesen. (Er tritt zu Mariane, die in ihrer Mutter Armen liegt) Leb' wohl, Mariane, ich scheide mit dem tiefsten Gram um Deine Seele. Wenn Dich ein Unglück mir entrissen hätte, um wie viel leichter trüge ich Deinen Verlust! Weit von einander gehn nun unsre Wege für dieses Leben und für — (schmerzlich ausbrechend) Mariane, werden wir uns jemals wiederfinden?

Kammerräthin (weinend).

Hören Sie auf, Sie bringen mein Kind um! (Ma= riane zittert heftig in der Kammerräthin Arme.)

Kammerrath (ernst und gedämpft).

Machen Sie ein Ende, mein Herr!

Born (rascher).

Das eine leg' ich Dir auf Dein Gewissen, nur ein= mal höre noch auf meine Worte: die Tage unsrer Liebe waren die besten Deines Lebens, verschleudre nicht in blindem Eigenwillen das Kleinod ihrer heiligen Erin= nerung. Verbanne mich, verstoße mich aus Deinem Herzen und Gedächtniß, allein vergiß es nie, daß wir in unsrer Liebe uns auch der Tugend zugeschworen. Sey Deinem eblern Selbst getreu, damit wir nicht in dieser Stunde für die Ewigkeit uns trennen! (Ab.)

(Der Vorhang fällt.)

Zweiter Akt.

(Ländliche Gegend. Rechts das Wohnhaus des Amtmanns Haber, links
eine Laube.)

Erster Auftritt.

Der Kammerrath, mit einer langen Pfeife, in Morgenrock und
Pantoffeln, die Kammerräthin, mit dem Strickzeuge, im Morgen=
anzuge, sitzen in der Laube am Tische, auf welchem Kaffeegeräth und ein
brennendes Licht.

Kammerrath.

Es ist doch recht still, so des Morgens auf dem Lande.

Kammerräthin.

Ja, wenn das Vieh und die Leute auf Wiese und
Feld hinaus sind, dann hört man nur noch zu Zeiten den
Hahn krähen, oder ein abgesperrtes Kalb blöken.

Kammerrath.

Ist denn Mariane heut wieder so früh aufgestanden?

Kammerräthin.

Um fünf Uhr war sie schon im Garten und auf dem
Hofe.   (Pause.)

Kammerrath.

Hat sie denn schon gefrühstückt?

Kammerräthin.

Sie will ja keinen Kaffee mehr, sie holt sich ihr Früh=
stück aus der Milchkammer.

Kammerrath.

Das Kind ist hier wie ausgewechselt. — Keinen
Kaffee — hm, hm. (Er klopft die Pfeife aus) Mütterchen,
soll ich noch eine stopfen?

Kammerräthin.

Hast ja hier doch nichts Andres zu thun.

Kammerrath (stopft sich die Pfeife. Pause.)

Ist doch sehr langweilig hier auf dem Lande.

Kammerräthin.

Das weiß Gott!

Kammerrath.

Die vierzehn Tage, die wir nun hierzugebracht, kom=
men mir wie ein Jahr vor.

Kammerräthin.

Nun, zum Vergnügen sind wir ja auch nicht hieher
gereist. Hätten wir nicht dem ersten Gerede über die zu=
rückgegangene Partie ausweichen wollen —

Kammerrath (zündet sich die Pfeife an).

Und dann hatten wir dem Vetter Haber längst einen
Besuch versprochen, wir mußten doch wenigstens artig
seyn, da er die Erbschaft nicht bekommen soll.

Kammerräthin.

Ich glaube, er macht sich jetzt doch Hoffnungen. Als er hörte, daß Mariane mit dem Assessor gebrochen, da zog er ein ganz curioses, pfiffiges Gesicht.

Kammerrath.

Ja, wir müssen auch nun wieder in die Residenz.

Kammerräthin.

Wenn nur Mariane hier fortzubringen wäre!

Kammerrath.

Ihr zwanzigster Geburtstag kommt immer näher, wir müssen daran denken, eine neue Partie zu Stande zu bringen.

Kammerräthin.

Nun, ich meine, Mariane braucht sich nur wieder zu zeigen, so wird es ihr an Freiern nicht fehlen. Schön, talentvoll, liebenswürdig und 20,000 Thaler —

Kammerrath.

Freilich, freilich! es kann nicht fehlen.

Kammerräthin.

Da ist der Forstrath, der Baurath, der Herr von Lorbeck, der Geheimsecretair Schulz —

Kammerrath.

Nichts Secretair, ich werfe mich nicht wieder fort, unter einem Rath nicht; ein Rath oder jemand von Adel, unter dem nicht.

Kammerräthin.

Ich habe sogar meine Gedanken — der Präsident ist

Wittwer, noch ein Mann in den besten Jahren, und war immer so aufmerksam gegen Marianchen.

Kammerrath (listig mit dem Kopfe nickend).

Habe auch schon dran gedacht — die ganze Zeit, daß wir hier sind — das kann uns weit führen — Geheimerath, Orden und Schwiegervater des Präsidenten —

Kammerräthin.

Wenn Mariane nur in die Stadt wollte!

Kammerrath.

Was hat sie nur hier den ganzen Tag durch Hof und Garten, Feld und Wald zu laufen?

Kammerräthin.

Von dem Amtmann läßt sie sich all seine Kriegsgeschichten erzählen und mit dem Christoph ist sie so vertraut.

Kammerrath.

Ganz unschicklich! mit dem ungeschlachten Burschen, dem Christoffel. (Bläst den Rauch vor sich hin.) Ein wahrer Pappstoffel das!

Kammerräthin.

Daß sie nur in der ganzen Zeit des Assessors mit keiner Sylbe erwähnt hat!

Kammerrath.

Es wundert mich auch.

Kammerräthin.

Wenn sie von dem Briefe hörte —

Kammerrath.

St! st! sie muß nichts davon hören!

Kammerräthin.

Was er ihr nur mag geschrieben haben?

Kammerrath.

Plagt Dich die Neugier?

Kammerräthin.

Ach, ich dachte gar, aber in dem Briefe an Dich be=
zieht er sich doch darauf.

Kammerrath (greift in die Tasche).

Das ich nicht wüßte! (Er zieht den Brief hervor, entfaltet
ihn, er enthält eine versiegelte Einlage) Doch ja — richtig.
(liest) „Ich werde erwarten, ob Mariane auf den Inhalt
meines Briefes mir den Verlobungsring zurückschickt, bis
dahin bleibt auch der ihrige an meinem Finger" — Ja
höre, den Ring müssen wir zurückschicken.

Kammerräthin.

Mariane wollte ihn ja nicht geben, ich forderte ihn
schon in der Stadt, gleich den Tag nach jenem Austritte.

Kammerrath.

Ja, es ist wahr, sie wollte nicht.

Kammerräthin.

Sie sagte, der Ring sey eine ganz gleichgültige Sache
— aber sie schloß ihn doch fort.

Kammerrath.

Es ist aber doch Sitte, daß die Ringe zurückgeschickt
werden.

Kammerräthin.

Nun, vielleicht thäte sie's, wenn sie den Brief gelesen hätte.

Kammerrath.

Im Gegentheile, im Gegentheile! Wo denkst Du hin? — Ich fürchte, der Assessor spukt immer noch in ihrem Kopfe. — Weißt Du was? Wir verbrennen die Briefe alle beide, den Ring wollen wir uns auch wohl verschaffen.

Kammerräthin.

Dann könnte man ja den Brief auch vorher lesen.

Kammerrath.

Nichts da. (Er hält die Briefe über's Licht). Besser ist besser! — So, nun sind sie niemals dagewesen.

Kammerräthin.

Da kommt Mariane.,

Zweiter Auftritt.

Vorige. Mariane im Morgenanzuge, etwas ländlich aufgeputzt mit großem Strohhut u. dergl., kommt mit Gießkanne und Rechen, einen großen Blumenstrauß in der andern Hand, hinter dem Hause hervor.

Mariane.

Guten Morgen, guten Morgen, Papa! (Sie küßt ihn.) Guten Tag, mein Mütterchen. (Küßt sie.) Welchen göttlichen Morgen habt Ihr versäumt, so frisch und heiter, so

durch und durch erquickend. Seht, wie der Thau noch
auf den Blumen liegt. (Sie theilt ihnen von ihrem Strauße.)
Da, da, sind sie nicht schön, sind sie nicht himmlisch?

Kammerrath.

Sehr hübsch, sehr hübsch! Es wundert mich aber
doch, daß Du so lange an dem Landleben Geschmack
findest!

Mariane.

O, lieber Vater, ich bin ja ganz glücklich hier, ganz
glückselig! Mein vergangenes Leben kommt mir wie ein
verwirrter, schwerer Traum vor, aus dem ich nun zur
hellen Wirklichkeit, zu einem freien, neuen Leben erwacht
bin. Ach, ich bin hier so froh, so durch und durch gesund!

Kammerrath.

Hast aber in der Stadt doch wohler ausgesehn.

Kammerräthin.

Ja, mein Mietzchen, das ist wahr, Du schläffst auch
hier sehr unruhig, wachst so viel des Nachts.

Mariane.

Ich? (verlegen) Das macht die ungewohnte Luft, liebe
Mutter! Nein, mit jedem Tage fühle ich mich hier wohler und heiterer, das seht Ihr ja auch, das hört Ihr ja!

Kammerrath.

Na, es mag seyn, liebes Kind, aber warum läufft
Du nur immer so allein umher? Warum frühstückst Du
denn nicht mit uns?

Mariane.

Aber lieber Vater, warum frühstückst Du nicht mit mir? Sieh nur einmal, wie prächtig es so früh unter der großen Linde ist, wohin ich mich mit meinem Milch=napf setze. Da kommt zuerst der große Hofhund, stellt sich vor mich hin, sieht mich mit den guten, treuen Au=gen unverwandt an und schnuppert bescheiden mit der blanken Schnauze nach meinem Frühstück. Dann kommt die bunte Katze und streift miauend an mich heran. Nun fliegt die ganze Taubenschaar herunter auf meine Schul=ter, meine Kniee, o, die lieben Thierchen, mir aus dem Munde picken sie das Brodt. Der Hahn stolzirt daher mit all seinen Weibern und den kleinen gelben Küchlein, die immer vor Hast übereinander herpurzeln, sogar die dum=men Truthühner kommen an und recken die langen Hälse nach mir. Das ist ein Miauen, Gackeln, Girren und Krähen um mich her — mindestens viel lustiger, als das Geschwirr unsrer Stadt=Gesellschaften.

Kammerrath (klopft ihr die Wangen).

Diese idyllischen Freuden sind allerdings recht schön, mein Engelchen!

Kammeräthin (küßt sie).

Wie hübsch sie das zu beschreiben weiß!

Kammerrath.

Ja, aber wir müssen nun auch wieder an die Stadt denken.

Mariane.

Nein, Papa, nein, an die Stadt will ich gar nicht mehr denken. Mich überfällt ein wahres Grauen, wenn ich an all' die Gesichter denke, die ich niemals wiedersehen will.

Kammerrath.

Ei, liebes Kind, besinne Dich nur, daß in drei Monaten Dein zwanzigster Geburtstag ist.

Mariane.

O Vater, willst Du mich aus meinen Himmeln reißen?

Kammerrath.

Ja, liebes Puttchen, wir sind doch nun einmal auf Erden, und da müssen die Mädchen heirathen, Du zumal!

Mariane.

Muß ich? muß ich? Ach, daß wir arme Weiber müssen und immer müssen! Warum muß ich denn in die verhaßte Residenz?

Kammerräthin.

Ei, mein Kind, hier giebt's ja gar keine Gelegenheit, passende Bekanntschaften zu machen.

Kammerrath.

Dies Pachtgut liegt ja wie in einer Wüste, acht Meilen von der Stadt —

Kammerräthin.

Alle Männer, die man hier sieht, sind um nichts besser, als der Vetter Christoph.

Mariane.

Und gefällt Dir diese kräftige, einfache Natur nicht mehr, als die überklugen Herren in der Stadt, die den Triumph ihrer Männlichkeit nur in Unterdrückung der Frauen setzen? die uns für völlig unwürdig erklären, so= gar den Schlüssel zum Himmel allein für uns in Hän= den haben wollen?

Kammerrath.

Du bist ein kleiner Widerspruchsgeist; wenn wir noch lange reden, wirst Du gar behaupten, daß Dir der un= manierliche Vetter gefällt!

Mariane.

Warum nicht, Vater? Auch finde ich seine Manier so bescheiden und ehrerbietig, daß sie unsren modernen Herren wohl zum Muster dienen könnte.

Kammerrath (lachend).

Na ja, da haben wir's!

Kammerräthin.

Es amüsirt Dich, daß Dir einmal auf eine unge= wöhnliche Art die Cour gemacht wird, das ist natürlich, aber das Verlangen nach der Stadt, nach feinerer Ge= sellschaft wird schon wiederkommen.

Mariane.

Niemals, niemals, liebe Mutter!

Kammerrath.

Bedenke doch aber, mein Töchterchen, daß wir nach der Stadt müssen, ich habe ein Amt, ich stehe auf dem Punkte, Geheimerath zu werden, einen Orden zu bekommen, das muß man betreiben; wer weiß, wie viel mir meine Abwesenheit schon geschadet.

Mariane.

Ach Vater, können wir denn nicht ganz und gar hier bleiben?

Kammerrath.

Kind, wo denkst Du hin?!

Mariane.

Gieb doch all' die Eitelkeiten auf, wirf Dich an den Busen der Natur!

Kammerrath (verdrießlich).

J, was soll ich denn an dem Busen der Natur?

Mariane.

Wir wollen uns hier ein Häuschen bauen, Du verkaufst das Haus in der Stadt, giebst Dein Amt, Deine Aussichten auf, was soll Dir das Alles, Vater, es schafft Dir keine Minute der Seelenruhe!

Kammerrath.

Aber, Mariane, wie kommst Du mir denn vor?

Kammerräthin.

Mietzchen, besinne Dich doch nur, hast Du den Vater nicht immer am meisten getrieben: sich zu poussiren?

Mariane.

Ich war eine Thörin, ich wußte nicht was ich that, jetzt habe ich mich selbst erst verstehen gelernt und was zu meinem Frieden dient. Wer frei und glücklich seyn will, muß zur Natur, zu den einfachsten Verhältnissen zurückkehren. Ich sehe es ein und will auch von nun an ein ganz neues Leben beginnen.

Kammerrath.

Kind, was willst Du denn damit sagen?

Mariane.

Unabhängig will ich seyn, Vater, völlig unabhängig.

Kammerrath.

Das bist Du ja, mit Deinen 20,000 Thalern.

Mariane.

O Vater, wirst Du mich denn nie verstehn? Geistig frei will ich seyn, all mein Thun und Denken nur nach eigner Ueberzeugung regeln!

Kammerrath.

Liebes Kind, das hast Du ja bisher auch schon gethan.

Mariane.

Nur halb, Vater, nur halb, und das war der größte Fehler. Hatte nicht schon meine Hingebung in einen fremden Willen mich an den Abgrund des Unglücks gerissen? (bewegt) Bebt mir das Herz nicht immer noch, wenn ich an diese schmerzlichste Täuschung meines Lebens denke? Nein, ich muß mich in ein ganz neues Lebenselement werfen, damit mich nichts mehr an jene Zeit erinnert, damit ich Alles, Alles vergessen kann, was ich gelitten.

Kammerräthin.

Na, liebe Tochter, Du wirst doch nicht gar weinen?

Mariane.

Laß uns nur hier bleiben, Mutter, hier unter einfachen Menschen, in der stillen Natur selbst still und einfach werden, Du sollst sehen, dann wird Dein Kind ganz befriedigt seyn.

Kammerrath.

Aber was sind das alles für überspannte Dinge!

Kammerräthin.

Lieber Vater, laß doch! (Leise) Wir müssen sie auf andre Gedanken bringen. (Laut) Nun, wir werden ja weiter davon sprechen, wollen wir nicht jetzt ein wenig spazieren gehn? Zeige uns doch den Garten und Deine Thiere alle.

Mariane.

Ja, ja, in den Garten, in den Wald, o nur da wird einem ganz wohl!

Kammerräthin (holt ihr Strickzeug vom Tische).

Das Kaffeezeug muß auch geholt werden.

Mariane (haftig).

Laß mich, Mutter, ich trag' es hinein!

Kammerräthin.

Ei, ich dachte gar! das Mädchen soll es holen.

Mariane.

Nein, nein, ich thue es selbst! (Sie stellt das Geräth und das Licht zusammen auf das Theebrett.) Du glaubst nicht, wie viel Freude mir alle diese geringen Arbeiten jetzt machen, man sollte sich doch nie davon entwöhnen, man würde viel natürlicher bleiben und viel unabhängiger von An= dren. (Zum Kammerrath) Du sollst sehn, Vater, wenn wir erst hier wohnen, dann führe ich allein die Wirthschaft, ich pflanze und ziehe das Gemüse, ich koche und backe und brate. Ich sorge für Dich und pflege Dich so schön! so schön! — Du sollst sehn, wie anstellig ich seyn werde. Da sieh — (sie nimmt das Theebrett, geht bei ihm vorüber in's Haus) bin ich nicht eine geschickte Aufwärterin?

Kammerrath.

Ja, ja, mein Engelchen, Du machst Alles gut.

Kammerräthin.

Ach, es ist ein gar zu liebes Kind!

(Alle ab in's Haus.)

Dritter Auftritt.

Amtmann Haber und **Christoph**, von der Linken kommend.

Amtmann.

Und wie ich sage, so geschieht's. Ordre parirt! Das Getraide wird heut noch aufgeladen, ich fahre morgen damit nach der Stadt.

Chriſtoph.

Warum wollen Sie mich aber nicht auch einmal in die Stadt fahren laſſen?

Amtmann.

Weil Du ein Grünſchnabel biſt und nicht zu han=deln verſtehſt; wer in der Reſidenz verkaufen will, muß gerieben ſeyn.

Chriſtoph.

Ich will ja auch gerieben werden, Vater, laſſen Sie mich doch einmal den Anfang machen!

Amtmann.

Zu ſeiner Zeit, morgen bleibſt Du hier.

Chriſtoph (losplatzend).

Vater, ich muß doch einmal in die Stadt!

Amtmann.

Was? Er muß doch, wenn ich ſage nein?

Chriſtoph.

Ja, ja, ja! ich muß ſehen, wo Förſters Lenchen ein Ende genommen hat.

Amtmann.

Er muß das ſehen? Mohrentauſendbomben=Element, der Junge muß das, wenn der Vater nicht will? Das ſind ja nagelneue Sachen. Das Mädchen iſt in die Stadt geſchickt worden, weil ihr Vater ſo vernünftig dachte wie ich, und von Eurer Liebſchaft und Heirath nichts wiſſen wollte. Zu einer Bettelwirthſchaft wollen wir nicht ja ſagen.

Christoph.

Und nun muß das arme Mädchen bei fremden Leuten dienen, wird wohl gar schlecht behandelt? (Stampft mit dem Fuße.) Nein, ich möchte aus der Haut fahren!

Amtmann.

Fahr' Er nur heraus, ich werde Ihn schon wieder hineintreiben, Mosje Junge! Kennst Du den alten Feldwebel nicht mehr? — Das Mädchen ist bei feinen Leuten und gut aufgehoben.

Christoph.

Wo ist das Haus, wie heißen die Leute?

Amtmann.

Das weiß ich nicht, will's auch nicht wissen. Das Mädchen ist in der Stadt, die Sache abgemacht, Punktum, mich geht's nicht weiter an!

Christoph.

Ich werd' es schon noch heraus bringen!

Amtmann.

Er wird es bleiben lassen, Er geht mit keinem Schritt mehr in die Försterei. Kennt Er die väterliche Autorität nicht mehr? Will Er auch werden, wie die Söhne heut zu Tage? Will Er auch seinem Vater auf der Nase spielen?

Christoph.

Gott nein, danach verlangt mich gerade nicht.

Amtmann.

In meinem Hause soll die alte gute Sitte bleiben,

der Vater commandirt, der Sohn parirt, ohne Muchsen!
ohne Widerrede! Du kennst den alten Feldwebel.

(Ab zur Rechten.)

Vierter Auftritt.

Christoph, bald darauf Mariane.

Christoph.

Ich bin doch wahrhaftig zu alt, um mich immer noch
wie ein Junge behandeln zu lassen. Aber der Vater giebt
nicht nach — es wäre am besten ich liefe davon! (Er steht
in sich gekehrt zur Seite.)

Mariane (aus dem Hause kommend).

Da ist der Vetter! Schon wieder ganz niedergeschla=
gen. Wie oft habe ich ihn schon so getroffen. Dann ist
er immer blöde gegen mich, sieht mich ganz sonderbar an.
Die Mutter sagt, er mache mir die Cour, nein, nein, so
darf man es nicht nennen, ihm geht es tiefer, ich glaube,
er liebt mich ernstlich. So ein guter redlicher Mensch
muß nun auch die Qual der Leidenschaft empfinden!
Gut, daß wir armen Mädchen nicht für alles Unheil ver=
antwortlich seyn können, das wir anrichten, wir hätten
viel gut zu machen. (Freundlich zu Christoph) Guten Morgen,
Cousin!

Christoph (fährt auf).

Ah — ah guten Morgen, liebste Muhme!

Mariane.

Ich habe Sie ja heut noch gar nicht gesehn!

Christoph.

Ich war früh draußen am See und habe Hammel waschen lassen.

Mariane.

O das hätte ich gern gesehn, warum haben Sie mich nicht mitgenommen? Oder wird man davon so verdrieß= lich, wie Sie aussehn?

Christoph.

Ach ich —

Mariane.

Setzen Sie sich her zu mir, wir wollen plaudern.

Christoph.

Ja, da würde mich der Vater schön — wenn ich schon Morgens still sitzen wollte.

Mariane.

Ei, Sie unterhalten mich, das ist auch eine Arbeit für Sie!

Christoph (er setzt sich zu ihr in die Laube).

Womit sollte ich Sie wohl unterhalten?

Mariane (unbefangen).

Mit der Ursach Ihres Trübsinn's zum Beispiel. Pfui, wer wird eine so garstig krause Stirn machen, wenn der Himmel so glatt und heiter ist? Was haben Sie denn, Vetter?

Christoph.

Ja, davon wäre viel zu reden!

Mariane.

Desto besser, lieber Vetter, sehn Sie, nun wissen Sie gleich, womit Sie mich unterhalten.

Christoph.

Eines Menschen Noth und Kummer kann Sie nicht unterhalten, dazu sind Sie zu gut.

Mariane.

Halten Sie mich für gut?

Christoph.

Ja gewiß, das hab' ich schon gemerkt, daß Sie recht gut sind.

Mariane.

In der Stadt wollte das nicht Jeder glauben.

Christoph.

Ach da mögen sie sich wohl nicht recht darauf verstehn und das grämt mich eben, daß man einer herzensguten Seele in der Stadt wohl hart begegnen kann.

Mariane (für sich).

Wie herzlich sein Antheil für mich ist!

Christoph.

Freilich hier auf dem Lande ist es auch nicht besser, und es mag wohl in der ganzen Welt so beschaffen seyn. Wer nun einmal ein weiches Herz hat, der ist schlimm daran, da mag nun Eins das Andre lieb haben, da mag das Herz brechen vor Kummer, es wird nicht danach ge=

fragt. Das verwünschte Geld, oder die Vornehmheit und
Niedrigkeit und was da mehr ist, geben doch immer den
Ausschlag. Ach man wird zuletzt auch seines Lebens
recht satt!

Mariane (lebhaft).

Ei, Vetter, Sie sind ein Mann und wollten verzagen? Wer wird sich von seinen Verhältnissen niederbeu-
gen lassen? Trotz muß man ihnen bieten!

Christoph.

O das wollt' ich wohl, ich bin sonst kein Hasenherz,
aber man muß doch auch wissen, mit wem man's zu thun
hat. — Wenn der Respekt und die Ehrfurcht nicht wäre,
dann wollte ich wohl anders reden.

Mariane (für sich).

Wie bescheiden und schüchtern! — (laut) Sehn Sie,
lieber Christoph — (hält inne) haben Sie nicht noch andre
Vornamen?

Christoph (seufzend).

Ja, Samuel Balthasar.

Mariane.

Nun — da wollen wir doch lieber bei Christoph
bleiben.

Christoph.

Sie meinen, er klingt nicht gut?

Mariane.

Das will ich nicht gerade sagen!

Christoph.

Sonst nannten mich die Leute immer Stoffel, auch Stoffelchen.

Mariane (lächelnd).

Das ist auch nicht gerade schöner.

Christoph.

Ich wurde auch wohl schon Christel genannt und das hörte ich immer sehr gern.

Mariane.

Christel, das ist wahr, das geht. — Nun, Vetter, haben Sie nur Muth, den Gegenstand Ihrer Scheu ge= rade in's Auge zu fassen.

Christoph (sieht sie hell an).

Hm.

Mariane.

Sie werden dann leicht erkennen, daß aller Zwang unsrer Verhältnisse nur ein Phantom ist. Menschen ha= ben sie ersonnen und künstlich aufgebaut, der Wille eines Menschen reicht also auch hin, sie zusammenzustürzen und frei sich auf den Trümmern aufzurichten.

Christoph (für sich, indem er das Gesicht von ihr wendet).

Die Muhme ist doch ein sehr schönes Mädchen!

Mariane.

Was sagen Sie?

Christoph.

Ich sage, daß Sie mir ordentlich Muth machen — und ich möchte Ihnen geradezu vertrauen, was mir das

Herz so schwer macht. — Es kann mir ja außer Ihnen kein Mensch helfen — Sie sind aus der Stadt — sind auch viel klüger als ich — Sie werden schon Rath wissen. Schwierig ist die Sache freilich — aber wenn Sie nur wollen, dann wird schon Alles gut werden. Ich kann es nicht mehr aushalten, die Liebe läßt mir Tag und Nacht nicht Ruhe. Sagen Sie, wollen Sie sich meiner erbarmen?

Mariane.

Lieber Vetter —

Christoph.

Sagen Sie, daß Sie es wollen und geben Sie mir die Hand darauf.

Mariane (herzlich).

Hier ist sie.

Christoph.

Ach nun ist es gut, nun wird mir das Herz ganz leicht. (Für sich) Was das für ein niedliches Patschchen ist!

Mariane (für sich).

Heißt es nicht sich den Himmel verdienen, wenn man solche rührende Liebe belohnt?

Christoph (für sich, immer die Hand betrachtend).

So sieht Lenchens Hand freilich nicht aus.

Mariane (sanft).

Seyn Sie nur heiter, lieber Christel, die Schwierigkeiten werden sich bald ausgleichen. Ich mache Ihnen keine schwärmerischen Verheißungen von einer Seligkeit, womit man sich gegenseitig täuscht, aber ich gelobe Ihnen, ich will Ihr Glück im Herzen tragen, und Alles dafür thun was in meinen Kräften steht.

Christoph (für sich).

Alle Wetter, ich weiß nicht — mir wird ganz curios dabei!

Mariane.

Sie sind ja ganz nachdenkend geworden, lieber Christel?

Christoph.

Denken? — nein an Denken ist nicht zu denken.

Amtmann (hinter der Scene).

Christoph!

Christoph (erschrocken).

Der Vater ruft!

Mariane.

Da müssen Sie wohl fort?

Christoph.

Ach ja, — ich muß — (er bleibt aber sitzen und spielt mit ihrer Hand.)

Mariane.

So gehn Sie nur jetzt, wir können ja nachher weiter reden. (lächelnd) Nun, so geben Sie doch nur meine Hand los!

Christoph.

Ach nehmen Sie es nur nicht übel — ich finde sie so niedlich — so verwünscht appetitlich.

Amtmann (wie vorher).

Chriſtoph!

Chriſtoph.

Zum Auffreſſen ſchön. (Er küßt raſch die Hand und läuft davon.)

Fünfter Auftritt.

Mariane allein.

Ja, das iſt die wahre Liebe, wie ſie dem weiblichen Herzen wohlthut. Beſcheiden an dem Blicke der Geliebten hangend, von jeder Freundlichkeit entzückt, von der kleinſten Gunſt elektriſirt — ja, auf dem Lande ſind die Männer noch natürlich. — Es iſt entſchieden, hier iſt der Grenzſtein eines neuen Lebens. Das ruhige Wohlwollen, das ich für Chriſtoph fühle, das iſt die wahre, dauernd beglückende Liebe. O ich erkenne es wohl, das leiden=ſchaftliche Feuer, das unſre Seele ganz gefangen nimmt, es unterjocht, vernichtet unſer eigenſtes Selbſt; — o ich will dies frevelhafte Feuer bis auf den letzten Funken in meinem Herzen erſticken. — Iſt es ein unentfliehbares Mädchenloos, einem Manne angehören zu müſſen, ſo darf es nur ein ſolcher ſeyn, der uns ohne alle Anmaßung er=geben iſt, der keinen Zwang an unſrer Seele übt, das freie Schalten meines geiſtigen Willens nicht verhindert.

Sechster Auftritt.

Kammerrath und Kammeräthin zum Spaziergange gerüstet, aus dem Hause. Mariane.

Mariane (ihnen entgegen).

Ihr kommt zur rechten Zeit, liebe gute Eltern, ich habe einen Entschluß gefaßt, der mein ganzes Herz erhebt, ich fühle mich wie neugeboren! — Ich erfülle Euren Wunsch, ich tilge die Ungerechtigkeit des Testamentes, ich schaffe mir ein neues Dasehn der Einfachheit und Stille, beglücke eine gute, treue Seele, — ich heirathe den Vetter Christoph.

Kammerrath (fährt auf).

J Gott behüte und bewahre!

Kammeräthin.

Mariane, was fällt Dir denn ein?

Mariane (befremdet).

Es ist Euch nicht recht? — Vater, Mutter, — das freut Euch nicht?

Kammerrath (heftig).

Nun soll es uns auch noch freuen, daß das Töchterchen eine unsinnige Laune über die andre hat?

Kammeräthin.

Mariane, besinne Dich doch nur!

Mariane (bitter).

O ich seh' es, ich seh' es, ich soll keine reine Freude auf Erden haben. Was ich mit Ueberzeugung und Begeisterung ergriffen, es wird alles verkannt, verwehrt, verbittert und verdorben.

Kammerrath.

Höre, Mädchen —!

Kammerräthin.

Aber lieber Vater!

Kammerrath (böse).

Aber liebe Mutter, laß' mich zufrieden. Deine Nach=giebigkeit geht zu weit!

Kammerräthin.

Nun so tobe, daß alle Leute zusammenlaufen.

Kammerrath.

Gut, gut, ich werde mich mäßigen, aber das sage ich diesmal gebe ich nicht nach. Erst will das Töchterchen auf dem Lande bleiben, all meine Pläne durchkreuzen, dann gar einen rohen, ungebildeten Menschen heirathen, der kein Amt, keine Stellung in der Welt einnehmen kann, dessen wir uns in jeder Gesellschaft schämen müßten.

Kammerräthin.

Bedenke doch nur, liebe Mariane, was würden die Leute dazu sagen?

Mariane.

Die Leute? Ich sage Dir ja Mutter, daß ich das Gerede der Leute verachte. Den herkömmlichen Conve=nienzen und Schicklichkeiten, worinnen man die armen Weiber wie hülflose Wickelkinder eingeschnürt hat, will ich mich nie wieder fügen. Ja stolz werde ich seyn auf

die Mißbilligung der Leute, denn jeder großartige Wille
ist alle Zeit von der Welt gebrandmarkt worden.

Kammerrath.

Großartig, was ist denn großartig daran? Ja, wenn
Du einen Prinzen heirathen wolltest, da könntest Du den
Leuten ein großartiges Schnippchen schlagen, aber einen
Bauer, nichts als einen Bauer —

Mariane.

Ach, Vater, Du verstehst mich nicht. Und wäre er
nichts als ein Bauer, — Vater, ist Dir der Bauernstand
verächtlich? Kannst Du gering denken von dem ersten
und einfachsten Berufe, auf dem die ganze menschliche
Gesellschaft —

Kammerrath.

Papperlappapappap! Redensarten! Das sind noch
so Ideen von Deinem Herrn Assessor.

Mariane (in Thränen ausbrechend).

Vater, das ist grausam von Dir, daß Du mir diesen
Namen nennst! Siehst Du nicht, daß ich ihn vergessen
will, daß er für mich nicht mehr auf der Welt seyn soll?

Kammerräthin.

Freilich, freilich mein Kind, beruhige Dich nur!

Kammerrath.

Nun gut, gut, wir wollen ihn vergessen seyn lassen.

Mariane.

Gerade weil der Vetter ein ganz andrer Mensch ist
als er, gerade daran erkenn' ich, daß er allein mein Glück

machen kann, gerade darum will ich, muß ich ihn hei=
rathen!

Kammerrath.

Siehst Du, also doch eigentlich nur aus Eigensinn?

Mariane.

Eigensinn, immer Eigensinn, was ich aus Wahl und
bester Ueberzeugung thue! Nicht auch Laune? nicht Ca=
price und Eitelkeit?

Kammeräthin.

Nun, weine nur nicht mehr, mein Mietzchen, liebes
Töchterchen, sey doch nur gut!

Kammerrath.

Ja nun kommt die liebe Mutter wieder, nun ist die
Vernunft zu Ende.

Mariane.

Willst auch Du mich tyrannisiren, Vater, von dem
ich mich so rein, so uneigennützig geliebt glaubte? Soll
ich nur gehorchen, über mich verfügen lassen, wie über
eine Sache?

Kammerrath (ohne Strenge).

Aber so sey doch nur vernünftig —

Kammeräthin (heftig).

Fahre mir das Kind nicht immer so an, Du kennst
doch ihre reizbaren Nerven! Bist Du ein Vater und
schonst Dein eignes Kind nicht?

Kammerrath.

I so wollt' ich doch —!

Kammerräthin.

Ich sehe auch gar nicht ein, was an ihrem Wunsche so unvernünftig ist, der Vetter ist ein hübscher junger Mann, er kann sich noch formiren und durch die Verbin=dung behält doch Mariane die Disposition über die Erbschaft.

Mariane (empört).

Mutter, also nur des elenden Geldes wegen stimmst Du mir bei?

Kammerräthin.

Nun, nun, hab' ich es wieder nicht recht gemacht?

Mariane.

O laßt nur, laßt! Ihr wollt oder könnt mich nicht verstehen. Aber der Vetter mag die ganze Erbschaft neh=men, ich heirathe nun niemals; so thue ich für sein Glück wenigstens, was ich vermag.

Kammerräth.

Das wolltest Du?

Mariane.

Ich bin ein Fremdling in diesem Leben, niemand be=greift mich. Meine heiligsten Gedanken und Empfindun=gen erscheinen als eigensinnige Capricen, ich quäle Euch, ich martre mich, so laßt mich nur still hinwelken und sterben, ich fühl' es ja, ich passe nicht in diese Welt. (Sie sinkt auf einen Stuhl und legt das weinende Gesicht über den Tisch hin auf den Arm.)

Kammerräthin (weinend)

Aber liebste Tochter, was sprichst Du denn für Sachen?

Kammerrath (bewegt).

Du bist immer gleich so außer Dir, so exaltirt! Es wird sich ja über die Sache reden lassen.

Kammerräthin.

Ja wohl, ja wohl! (Geht zum Rath) Nun sieh einmal, Väterchen, sie wird ja auch nicht immer hier draußen bleiben.

Kammerrath.

Ach freilich, das dumme Landleben ist eine Phantasie, die ihr schon morgen wieder vergeht.

Kammerräthin.

Nun, dann könnte der Vetter sich ja doch noch her= ausbilden, unter Marianchens und Deiner Leitung, und wenn er unter Leute käme. Er kann ja auch bei seinen ökonomischen Kenntnissen doch irgend etwas werden. Es giebt ja Oekonomie=Inspektoren —

Kammerrath (wichtig).

Auch Räthe, liebes Kind, Räthe auch, Oekonomie= räthe, die giebt es.

Kammerräthin.

Nun siehst Du, wenn wir unsre Connexionen be= nutzen. — Dann ist doch auch die Erbschaft zu bedenken —

Kammerrath (seufzend).

Na es wird wohl nicht anders werden! (Geht zu

Mariane) Nun, mein Kind, höre auf zu weinen, beruhige Dich, denke hübsch an Deine Gesundheit.

Mariane (richtet sich auf).

Kammerrath.

Wir wollen ja Deinem Glücke nicht entgegen seyn und wenn Du glaubst, daß die Verbindung mit dem Vetter dazu dienen kann, — nun — so willigen wir ein.

Mariane (fällt ihm um den Hals).

Mein lieber Vater! (Die Kammerräthin tritt hinzu und nimmt sie auch in die Arme.)

Kammerrath.

Nun sage mir, wie die Sache steht. Der Vetter hat Dir also einen Antrag gemacht?

Mariane.

Seine Liebe hat er mir deutlich genug gestanden, aber einen förmlichen Antrag — nein, dazu ist er zu blöde — den mußt Du ihm erleichtern, lieber Vater!

Kammerrath.

Ich soll Dich ihm auch gar noch anbieten?

Kammerräthin.

Ei das läßt sich ja wohl auf eine feine Art einleiten, ohne Mariane zu compromittiren. Sprich doch mit dem Amtmann.

Kammerrath.

Ja mit dem alten Corporalstock läßt sich auch etwas fein einleiten.

Mariane (schmeichelnd).

Mein liebes, gutes Väterchen, das thust Du mir noch zu Liebe; hast Du das Größte gewährt, so wirst Du mir doch das Geringe nicht versagen.

Kammerrath.

Na, wir wollen sehn, wie es zu machen ist.

Kammeräthin.

Nun komm Du nur, liebes Puttchen, und lege Dich ein wenig nieder, Du bist so angegriffen.

Kammerrath.

Da kommt der Vetter Amtmann eben her.

Kammeräthin.

Nun so verliere keine Zeit!

Mariane.

Ja Vater, denke, sorge und handle nun für Deine Tochter. Nicht wahr, Du bist mir nicht mehr böse! Nicht wahr, ich bin nun wieder Dein liebes Kind, Dein Mietz= chen und Dein Puttchen, nicht?

Kammerrath.

Schmeichelkätzchen!

Mariane.

Ja ja, Du bist wieder gut. — Adieu, Adieu, mein Väterchen! (Wirft ihm im Abgehn Kußhände.)

Kammeräthin (führt sie in's Haus).

Nun komm nur, komm!

Siebenter Auftritt.

Kammerrath, gleich darauf **Amtmann**.

Kammerrath.

Das ist ein verwünschtes Commissorium, mit dem
alten Degenknopfe zu verhandeln. — Plumpt immer
mit dem Stocke drein. — Ich darf mich doch nicht bloß
geben; aber wenn ich mit Feinheit und Delikatesse ver-
fahre, so versteht er mich gar nicht. — Abscheuliche Com-
mission! — Indeß, was thut man nicht für ein einziges
Kind!

Amtmann.

Nun, wie steht's, machen der Herr Vetter heut keine
Promenade?

Kammerrath (sehr freundlich).

Ich war so eben im Begriff, — so eben — aber ich
plaudre auch gern ein Viertelstündchen mit Ihnen, verehrtester Vetter! Setzen wir uns doch, Sie sind immer
so früh auf den Beinen, müssen doch auch müde seyn.

Amtmann.

Es geht wohl an, ich bin an das Umherwirthschaf-
ten gewöhnt und sitze sonst nicht so früh am Tage. Ein
alter Soldat hält aus. (Sie sitzen.)

Kammerrath.

Ja man sorgt für seine Kinder, ich weiß wohl, dafür wird uns nichts zu sauer.

Amtmann.

J nun ja — vor der Hand sorge ich aber noch für

mich, der Junge muß auch sehn wie er durchkommt, hat sich's doch sein Vater müssen sauer werden lassen.

Kammerrath.

Hm, scherzen wohl, Herr Vetter, machen etwas Spaß?

Amtmann.

Ganz und gar nicht. Heut zu Tage macht man so viel Umstände mit den Kindern, zu meiner Zeit dachte man nicht daran. Wir waren zu Haus neun Söhne und drei Töchter —

Kammerrath.

Gott segne's, Gott segne's!

Amtmann.

Ja, aber der Vater kümmerte sich nicht weiter um uns, er hatte seine Noth mit Knechten und Mägden, wir trieben uns so auf dem Hofe umher. Bei Tische sah er uns wohl und fuhr dann auch manchmal rechtschaffen mit dem Knüttel unter uns.

Kammerrath.

Ah, ah — er züchtigte die lieben Kinder!

Amtmann.

Ja er schonte sich nicht, das muß ich ihm nachsagen, er hat immer als ein rechtschaffener Vater zugehauen, wo es irgend Gelegenheit gab.

Kammerrath.

Ja, das war die damalige Erziehungsmethode.

Amtmann.

Sie war sehr gut, sie war excellent. Ich lobe mir die

guten alten Sitten. Sehn Sie einmal meinen Christoph
an, ein kerniger, tüchtiger Kerl, aber parirt mir auf's
Wort.

Kammerrath.

Ja, ich habe mich im Stillen schon darüber gewundert.

Amtmann.

Ja, ich habe mich auch schon im Stillen gewundert,
wie Sie sich dagegen von Ihrer lieben Tochter commandiren lassen.

Kammerrath.

Commandiren?

Amtmann.

Das thut nicht gut, Sie werden's einmal bereuen,
denken Sie an mich. (Zutraulich) Es wäre auch immer noch
Zeit — (er macht eine verdächtige Bewegung mit dem Stocke.)

Kammerrath (erschrocken, aufstehend).

Ei, werthester Herr Vetter!

Amtmann (steht auf).

Nun, nun, es geht mich eigentlich nichts an und ich
will nichts weiter gesagt haben. Ich halte es nur so mit
meinem Sohne, so lange er in des Vaters Hause ist, muß
er thun was ich will.

Kammerrath.

Ei, das ist auch ganz schön!

Amtmann.

Lieber wäre mir's, ich hätte für den Jungen gar
nicht mehr zu sorgen, aber heut zu Tage ist es schwer,

einem Menschen zu etwas zu verhelfen. Was ich habe, brauche ich für mich und mit der Landwirthschaft ist's jetzt nicht mehr viel. Ich habe ihm schon gerathen, nach Amerika zu gehn, da ist doch schon Mancher reich geworden, und die Wirthschaft versteht der Christoph; aber er will noch immer nicht daran.

Kammerrath.

Ei er hat auch recht, warum soll so ein hübscher, wohlerzogner Mensch sein Vaterland verlassen?

Amtmann.

Er könnte ja wiederkommen, wenn er ein Stück Geld erworben hätte?

Kammerrath.

Er könnte aber auch hier sein Glück machen, — eine vortheilhafte Heirath zum Beispiel.

Amtmann.

Ja, das wäre mir schon recht, so etwas findet sich aber nicht leicht.

Kammerrath.

Oder durch ein Testament.

Amtmann.

Ein Testament? (aufmerksam.)

Kammerrath.

Es hat uns immer schon recht geschmerzt, daß mein seliger Bruder Ihren lieben Sohn so übergangen.

Amtmann.

Ja, wenn die Muhme sich noch binnen zwei Mona=
ten verheirathet —

Kammerrath.

O sie wird sich verheirathen, ist gar keine Frage!

Amtmann.

So? Nun ja — hm!

Kammerrath.

Wir haben nur das Zusagen, Anträge genug sind
da, wir brauchen nur auszuwählen.

Amtmann.

J, ich glaube es wohl, 20,000 Thaler sind nicht
übel!

Kammerrath.

Und meine Tochter, dies herrliche, himmlische
Mädchen!

Amtmann.

Ja, ja, — es ist wahr!

Kammerrath.

Aber wie ich schon vorher sagte, es thut meinem
Marianchen leid, daß der Vetter so leer ausgehn soll.

Amtmann.

So, thut es ihr wirklich leid?

Kammerrath.

Sie hat ein gar zu empfindsames Herz —

Amtmann (ausholend).

Ei, da könnte man ja — (Hält inne.)

Kammerrath.

Gewiß, es ließe sich leicht — (Hält inne.)

Amtmann.

Man brauchte ja nur —

Kammerrath (einfallend).

Allerdings, man könnte —

Amtmann.

I ja —

Kammerrath.

Freilich, freilich!

Amtmann.

Nun denn —

Kammerrath.

Wie? —

Amtmann (für sich).

Der alte Fuchs, warum rückt er denn nicht herau
mit der Sprache?

Kammerrath (ebenso).

Es thäte Noth, ich stieße ihn mit der Nase darauf.

Amtmann.

Der Herr Vetter wollten ja wohl etwas sagen?

Kammerrath.

Ich glaubte, Sie wollten etwas proponiren?

Amtmann.

Nur immer frisch von der Leber weg!

Kammerrath.

Ei, ich werde Ihnen doch nicht vorgreifen.

Amtmann.

Nun, wenn ich Sie recht verstanden habe, wollten
Sie —

Kammerrath (einfallend).

Das heißt, ich wäre nicht gerade dagegen.

Amtmann.

Nun, wogegen denn?

Kammerrath (gedehnt).

Et —

Amtmann.

Mohren Element! Ich habe verstanden, unsre Kin=
der sollten die Erbschaft theilen.

Kammerrath (frappirt).

Theilen? Nein, das hab' ich nicht gemeint; ei, Herr
Vetter, theilen gerade nicht!

Amtmann.

So sagen Sie nur, wie sie sich sonst darüber vereini=
gen sollen?

Kammerrath.

Vereinigen? (froh.) Sehn Sie einmal, Verehrter,
was Sie für eigne Ideen haben! Vereinigen, das wäre
mir nicht eingefallen.

Amtmann.

Nun, es ist doch ganz natürlich!

Kammerrath.

Natürlich? (Gezwungen) Hahaha! Sie Schelm, natür=
lich, freilich! Vereinigen, über die Erbschaft, oder viel=

mehr über der Erbschaft vereinigen, wegen der Erbschaft, um der Erbschaft willen, gut, nicht übel ausgedacht, hahaha!

Amtmann (für sich).

Mich soll der Teufel holen, wenn ich davon etwas
verstehe.

Kammerrath (für sich).

Ich glaube, jetzt hab' ich ihn endlich auf dem Wege.
(Laut) Hahaha! Ihr Antrag ist etwas überraschend —
indeß wer weiß? — Aus verwandtschaftlicher Rücksicht
und Achtung könnte auch wohl Zuneigung werden.

Amtmann (ihn immer zweifelhaft ansehend).

Hm!

Kammerrath.

Wir hatten freilich viel glänzendere Aussichten, indessen da der gute Vetter Christoph so sehr verliebt ist—

Amtmann (rasch).

Ei, danach wird nicht gefragt!

Kammerrath.

Ah, verehrtester Vetter, Sie wollen alles auf Gehorsam reduciren, man muß auch gegen Herzensneigungen
nicht zu hart seyn; und wenn, wie hier, der Vortheil
mit der Liebe Hand in Hand geht —

Amtmann (fährt auf).

Ja, wo thut er denn das?

Kammerrath (befremdet).

Ei, mein Vester, ist die Partie noch nicht avantageuse
genug?

6*

Amtmann.

Avantageuse? — Nun, so soll doch! — Herr Vet=
ter, wollen Sie sich nicht bestimmt erklären?

Kammerrath.

Ei, mein Bester, wie kann ich das, ehe meine Tochter
nicht ihr Jawort gegeben —

Amtmann.

Ihr Jawort?

Kammerrath.

Nun, ich werde sie doch nicht wider ihren Willen
verheirathen.

Amtmann.

Verheirathen? — Ihre Tochter?

Kammerrath.

Du mein Himmel, so erkläre ich denn rund und bün=
dig, daß ich den Heirathsantrag, den Sie mir für meine
Tochter, Namens Ihres Sohnes, so eben gemacht haben,
nicht gerade abweise, sondern auch zu unterstützen ver=
spreche. (Für sich) Eine diplomatische Höllenmarter ist das!

Amtmann (steht starr).

Ah — so ist die Sache? (Gefaßt) Das ist gut —
ganz gut — das ist mir recht, also so war's zu verstehn.
Heirathen! —

Kammerrath.

Es steht nun bei Ihnen, Herr Vetter, ob Sie Ihren
Sohn veranlassen wollen, förmlich um meine Tochter
anzuhalten, ich werde sie darauf vorbereiten.

Amtmann.

Schön, schön, sie sollen sich heirathen. Ja, reden Sie mit ihr, brauchen Sie einmal die väterliche Autorität; für meinen Christoph sage ich gut.

Kammerrath.

Sie werden einsehen, daß ich nur aus verwandtschaftlichen Rücksichten in diese Mariage willige, aus iner übergroßen Billigkeit.

Amtmann.

Schön, gut, ich sehe Alles ein, was Sie wollen, die Heirath macht die Ungerechtigkeit meines seligen Schwagers wieder gut, also —

Kammerrath.

Eben deswegen — —

Amtmann.

Bloß deswegen, ich verstehe schon!

Kammerrath.

Nun will ich meine Frau und Tochter zur Promenade abholen.

Amtmann.

Thun Sie das, Herr Vetter, da kommt auch eben mein Christoph aus dem Schaafstall; so könnte die Sache gleich hier in's Reine gebracht werden.

Kammerrath (will gehn).

Noch eins! Ihr Herr Sohn ist zwar ein sehr lieber, guter, scharmanter Mensch — aber es wäre wohl gut, wenn er noch in der Eile etwas Tournüre, feine Haltung lernte.

Amtmann.

Gut, gut, er soll Tanzstunde nehmen, das will ich dran wenden.

Kammerrath.

Auch, wenn er sich nun in der Stadt zeigt, — seine Toilette müßte wohl ein wenig verändert werden.

Amtmann.

Ich will ihm auch einen neuen Anzug machen lassen.

Kammerrath.

Aber modern, nicht mit den Entenstiefeln.

Amtmann.

Verstehe schon!

Kammerrath.

Wenn er dann bald in die Residenz käme —

Amtmann (einfallend).

Das möchte ich nicht gern, ich habe so meine Ursachen. Ein paar Tage vor der Hochzeit sind ja wohl hinlänglich.

Kammerrath.

Auch gut, auch gut! (Für sich) Je weniger Aufsehn und Rederei davon, desto besser! (Laut) Die Hochzeit mag an Marianens Geburtstage seyn, die Verlobung ein paar Tage vorher.

Amtmann.

Dann treffen wir ein, und die ganze Sache wird schnell abgemacht.

Kammerrath (seufzend).

Schnell abgemacht!

Amtmann (seine Hand schüttelnd).

Nun denn auf gute Schwägerschaft! Sehe, wie sich doch so manches in der Welt macht!

Kammerrath (gezwungen lachend).

Ja, wie es sich macht! Bin sehr erfreut, außerordentlich erfreut. (Abgehend, erbost.) Widerwärtiges Bauernpack! (Ab in's Haus.)

Achter Auftritt.

Amtmann, gleich darauf Christoph.

Amtmann.

Seht einmal an, der hochnasige Herr Vetter giebt kein bei. Die Freier in der Stadt müssen doch wohl nicht so bei der Hand seyn, und die Erbschaft will man doch nicht ganz aufgeben. — Gleichviel, der Junge muß sie nehmen, dann ist er versorgt und mag dann sehen, wie er mit dem Querkopfe zurecht kommt. He, Christoph! (Er pfeift gellend auf dem Finger) Er wird Sprünge machen, aber es hilft ihm nichts, er muß die 20,000 Thaler heirathen.

Christoph.

Was soll ich, Vater?

Amtmann.

Komm einmal her, hieher! Nun sieh mich an und antworte wie ein gehorsamer Sohn. Willst Du eine hübsche, junge Frau haben?

Christoph (freudig).

Sie wissen ja, Vater, daß —

Amtmann.

Ja oder nein!

Christoph.

Ja!

Amtmann.

Willst Du 20,000 Thaler haben, um eine eigne Wirthschaft anzufangen?

Christoph (hastig).

Ja, ja!

Amtmann.

So gehe hin und halte um Deine Muhme an.

Christoph.

Vater — ach — Sie halten mich für einen Narren!

Amtmann.

Ja, wenn Du dies Glück von Dir weisest, halte ich Dich für einen Narren.

Christoph.

Aber wie ist denn das? —

Amtmann.

Still! — Ich habe mit dem Vater gesprochen, Du brauchst sie nur zu fordern, so hast Du sie.

Christoph.

Aber ich kann Lenchen nicht sitzen lassen!

Amtmann.

So laß sie laufen. Die Liebschaft ist aus, hab' ich Dir gesagt, damit Basta!

Christoph.

Nein, Vater, die ist nicht aus!

Amtmann.

Mohren = Tausend = Element, sie ist aus! Will Er Ordre pariren? — Hat Lenchen 20,000 Thaler?

Christoph.

Hm, nein!

Amtmann.

Weiß Er sonst wo Geld herzukriegen?

Christoph.

Nein!

Amtmann.

Ist die Muhme nicht hübsch genug?

Christoph.

O ja!

Amtmann.

Abgemacht. Da kommt Dein Schwiegervater, ich werde für Dich das Wort führen, Du machst nur Deine Reverenz dazu. Daß Du mir nicht in die Flanke fällst, ich rathe es Dir! — Du kennst den alten Feldwebel.

Christoph.

Mir ist ganz wirblicht! —

Neunter Auftritt.

Vorige. Kammerrath, Kammerräthin und **Mariane.**

Amtmann (tritt ihnen entgegen).

Herr Vetter, Frau Muhme, ich habe Ihnen etwas vorzutragen. Hier steht mein einziger eheleiblicher Sohn Christoph, der hiermit um die Hand Ihrer Tochter Mariane als ein rechtschaffener Bräutigam anhält, was haben Sie mir darauf zu antworten?

Kammerrath.

Meine Tochter muß sich darüber erklären.

Kammerräthin.

Ja, nun sprich, Mariane!

Mariane.

Haben Sie denn nichts zu sagen, lieber Christel?

Christoph.

Ach Gott, so vieles, aber ich wage ja gar nicht ———

Amtmann (zieht ihn am Rock).

Sey still!

Kammerrath (für sich, ergrimmt).

Der Einfaltspinsel! Und das wird mein Schwiegersohn!

Kammerräthin.

Der gute Cousin scheint doch sehr blöde zu seyn.

Amtmann.

Ja er ist etwas schüchtern.

Mariane.

Wir haben uns schon verstanden, nicht wahr? Ge=
fällt Ihnen diese Hand noch wie vorher, Christel? (Sie
reicht sie ihm hin.)

Christoph (sieht sie an, ohne sie zu nehmen).

Ach Gott, sie ist wunderschön —

Amtmann (rasch zugreifend und Beider Hände in einander-

drückend). Na, dann nimm sie doch!

Christoph.

Ach du mein Gott! Was kann doch einem Menschen
alles passiren.

Amtmann.

Da habt Ihr Euch, und nun Gottes Segen dazu! —

Kammerrath.

Na, der wird zu dieser Mariage ganz extra nöthig
seyn.

(Der Vorhang fällt.)

Dritter Akt.

(Das Zimmer des ersten Aktes.)

Erster Auftritt.

Mariane sitzt zur Seite rechts, festlich gekleidet, vor dem Spiegel am Putztische, nachlässig zurückgelehnt, den Kopf auf die Hand gestützt, einen Fuß auf einer Fußbank. Mamsell Jenner kniet vor ihr und bindet ihr die Schuhbänder.

Mariane (verdrießlich).

Zu fest, zu fest! Mein Gott, Sie thun mir ja weh!

Jenner.

Ist's so recht?

Mariane.

Es geht. (Sie steht auf, wendet sich gegen den Spiegel.) Nun diese Schleife hier oben an den Aermel.

Jenner (nimmt Schleife und Nadel und schickt sich an).

Befehlen Sie hier?

Mariane.

Höher, höher! — Das ist wieder zu hoch!

Jenner.

Hier?

Mariane.

Meinetwegen!

Jenner (befestigt die Schleife).

Mariane.

Das ist ja viel zu weit zurück. (Reißt die Schleife heftig los.) Beste, Sie sind erstaunlich ungeschickt!

Jenner (sanft).

Wollten Sie mir nur genau zeigen —

Mariane (hält sich die Schleife an den Aermel).

Hier, hier, ich hab' es ja gesagt.

Jenner.

O weh, Fräulein, da haben Sie das schöne neue Kleid eingerissen.

Mariane.

Eingerissen? — Was thut's! heften Sie es zu, die Schleife bedeckt es. Aber schnell, schnell!

Jenner (hat eine Nähnadel genommen, beginnt die Arbeit).

Mariane.

Wie viel Uhr ist's denn?

Jenner.

So eben hat es Zehn geschlagen.

Mariane.

Am Ende werden wir gar nicht zu rechter Zeit fertig. — Aber so eilen Sie doch! (Stampft ein paar Male mit dem Fuße.) Hurtig, hurtig!

Jenner.

Bestes Fräulein, Sie ängstigen mich so sehr, daß ich gar nichts thun kann.

Mariane (halb für sich).

O es giebt doch nichts Langsameres und Ungeschick=
teres, als diese Leute vom Lande. (Weist sie fort.) Lassen
Sie nur, lassen Sie, ich will mir lieber Alles selbst
machen.

Jenner (tritt beschämt bei Seite).

—————

Zweiter Auftritt.

Vorige. Die Kammerräthin, ebenfalls festlich gekleidet, das
Schlüsselbund in der Hand. Friedrich bringt eine Torte.

Kammerräthin (zu Friedrich).

Die Torte gerade in die Mitte der Tafel, gerade in
die Mitte, hörst Du?

Friedrich (im Abgehen nach dem Speisesaal).

Schön, Frau Kammerräthin!

Kammerräthin.

Ich komme sogleich nach. (Geht vor.) Aber liebes Herz=
chen, warum kleidest Du Dich denn hier an und nicht
auf Deinem Zimmer?

Mariane.

Es war mir zu eng, zu dumpf, zu unerträglich da.

Kammerräthin.

Nun es thut ja auch nichts. Sieh' einmal, wie schön

Du aussiehst, Du Engelchen! Nun spute Dich nur, um Elf kommen die Gäste. (Wendet sich zum Abgehen, eilig) Mamsell, sorgen Sie dann, daß der Putztisch wieder herauskommt, ich will nur nach dem Frühstück sehen.

Mariane.

Mutter, steck' Du mir doch die Schleife fest, seit einer halben Stunde quäle ich mich schon damit.

Kammerräthin (kehrt zurück).

Gieb her, mein Kind!

Jenner (schnell hinzutretend).

Ich bitte, Fräulein, ich werde ja schon —

Mariane.

Lassen Sie, lassen Sie, ich habe mich schon genug geärgert!

Kammerräthin (indem sie die Schleife befestigt).

Geärgert? — Ei, Mamsell, wenn Sie nicht einmal eine Schleife feststecken können, ohne meine Tochter zu ärgern, dann werden wir schwerlich zurecht kommen. — Nun, mein Mietzchen, nun sey vergnügt. (Küßt Marianen.) Siehst ja so wunderschön aus, so schön, wie sich's für den heutigen Tag auch paßt! (Sie klopft ihr die Wangen und geht ab.)

Dritter Auftritt.

Mariane vor dem Spiegel. Mamsell Jenner steht zur Seite
und trocknet ihre Thränen. — Pause.)

Mariane.

Die Handschuhe!

Jenner (geht zum Putztische, nimmt die Handschuhe und reicht
sie Marianen).

Mariane (bemerkt, indem sie sie nimmt, daß Mamsell Jenner geweint; sie wendet sich langsam wieder zum Spiegel, beschäftigt sich einen
Augenblick mit ihrem Haare, sieht dann wieder Mamsell Jenner an —
zwischen Güte und Verlegenheit schwankend).

Was fehlt Ihnen denn? — Haben Sie es übel ge=
nommen, daß ich gescholten?

Jenner.

Uebelnehmen? — Ich weiß, das schickt sich nicht für
mich. Ich bin noch zu kurze Zeit in der Stadt, zu kurze
Zeit im Dienste; ich werde schon noch lernen mich be=
nehmen — und mich fügen.

Mariane (sehr freundlich).

Sie sind wohl weit her?

Jenner.

O nein, sieben oder acht Meilen von hier.

Mariane.

Sie haben mir ja noch gar nichts von Ihren Eltern,
Ihren Verhältnissen erzählt. Sind Sie gern vom Hause
fortgegangen?

Jenner (schüttelt den Kopf, ihre Thränen niederkämpfend).

Mariane (theilnehmender).

Also gefällt es Ihnen wohl nicht in der Stadt?

Jenner.

Ich bin noch so fremd hier.

Mariane.

Es giebt doch hier so Vielerlei, was Sie auf dem Lande nicht kennen, — so manche Dinge, die den Mädchen wohl Freude machen. (Sie nimmt verstohlen ihr Armband ab.) Sie putzen sich doch wohl auch gern ein wenig?

Jenner.

Sonst wohl, jetzt kommt mir's nicht mehr in den Sinn.

Mariane (drückt ihr hastig das Armband in die Hand; rasch).

Da nehmen Sie, tragen Sie dies Armband zu meinem Angedenken.

Jenner.

Wie Fräulein?

Mariane (dringend).

Mir zu Liebe tragen Sie es, ich habe Ihnen vorher weh gethan —

Jenner.

Und dafür soll ich ein Geschenk nehmen?

Mariane.

Nein, nein, nicht dafür — ich kann mich nur oft nicht bezwingen — O liebe, liebe Jenner, nehmen Sie, zum Zeichen, daß Sie mir nicht böse sind.

Jenner.

Ja, ja, dann will ich's nehmen und als ein liebes
Angedenken aufbewahren. Wie könnte ich Ihnen wohl
böse seyn, da ich sehe, wie Ihnen zu Muthe ist, wie auch
der heutige Freudentag Sie nicht glücklich macht.

Mariane.

Freudentag?

Jenner.

Ich weiß, es soll noch ein Geheimniß seyn, aber vor
den Leuten im Hause bleibt nichts verborgen, so habe ich
denn auch gemerkt, daß heut' Ihre Verlobung ist.

Mariane.

Nun ja, in wenig Stunden wird's die ganze Stadt
erfahren. Und das, meinen Sie, ist für ein Mädchen
eine so freudige Begebenheit?

Jenner.

Ach, bestes Fräulein, Sie scherzen — oder Sie ha=
ben einen geheimen Kummer.

Mariane (wendet sich ab).

Jenner (fortfahrend).

Sich mit einem Manne zu verloben, den man von
Herzen lieb hat, wenn die Eltern es zufrieden sind, sich
darüber freuen, ihre Kinder segnen — (weinend) ach solche
Freude muß kaum zu ertragen seyn!

Mariane (nimmt ihre beiden Hände).

Sie haben eine unglückliche Liebe.

Jenner.

Ach Fräulein — lassen Sie nur —

Mariane.

Nein, nein, Sie müssen mit mir davon reden. (Zieht sie neben sich auf einen Stuhl.) Hieher setzen Sie sich zu mir, erzählen Sie mir Alles. — Haben Sie sich in dem Manne getäuscht, den Sie zu lieben glaubten?

Jenner.

Nein, o nein, es ist das rechtschaffenste, treueste Herz unter der Sonne.

Mariane.

Und warum sind Sie nicht glücklich?

Jenner.

Weil wir zu arm sind, eine Wirthschaft anzufangen und unsre Väter darum nicht zugeben, daß wir uns hei= rathen. Deshalb bin ich nun in die Stadt geschickt wor= den, wir sollen einander vergessen; aber das werden wir nun und nimmermehr! (Sehr lebhaft) Ich frage Sie, bestes Fräulein, wenn man Sie von Ihrem Geliebten hundert Meilen weit fortschickte, würden Sie wohl jemals —? (Verlegen aufstehend.) Ach — ich rede da etwas Unpassendes — nehmen Sie es nur ja nicht übel — gewiß und wahr= haftig, ich dachte nicht daran, daß Sie doch schon einen Andern — aber Sie haben auch gewiß Ihren ersten Bräutigam nicht lieb gehabt, sonst würden Sie ja nicht heut' schon einen Andern nehmen.

7 *

Mariane (mit gesenkten Augen, beunruhigt).

Liebe Jenner, wenn ich Ihnen auch meine Beweg=
gründe erklären wollte, Sie würden das nicht recht ver=
stehen —

Jenner (hastig einfallend).

Ja freilich, freilich, ich kann das ja gar nicht beur=
theilen. Um Sie bemühen sich so viele Herren, da mag
es schwer seyn, den rechten zu wählen, und es ist dann
immer vernünftiger, vor der Hochzeit zu scheiden, als
nachher. Ich bin nur so unerfahren und weichmüthig
und kann den Herrn Assessor immer nicht vergessen, wie
er in Ihrer Abwesenheit hier war und den Brief brachte.

Mariane (bestürzt).

Er war hier? — Brachte einen Brief?

Jenner.

Nun ja, Sie werden ihn ja wohl erhalten haben.

Mariane.

Ich?

Jenner.

Ach, das ist nun wieder dumm, daß ich heut' davon
anfange, Sie sollten wohl nun gar nicht mehr daran
benken.

Mariane (heftig).

Doch, doch, ich will Alles wissen! — (Gefaßt) Es
beunruhigt mich gar nicht, nur aus Neugier frag' ich,
nun? — wann war er hier?

Jenner.

Sie mochten etwa fünf Tage fort seyn, als er kam und sich erkundigte: wohin Sie gereist wären, er hätte einen Brief an Sie abzuschicken. Nun, ich sagte ihm Alles, was ich wußte: Sie wären auf dem Lande, in der Gegend des Städtchens Zehlen, dorthin sollte Alles poste restante geschickt werden. Er bat mich um Tinte und Feder und schrieb die Adresse auf den Brief. Er erkundigte sich auch, ob Sie bei der Abreise vergnügt oder traurig gewesen wären, und fragte dann: ob er nicht einen Augenblick in Ihr Zimmer gehen könne, er habe noch ein Buch da liegen; das konnte ich ihm doch nicht verwehren.

Mariane (verbirgt mit äußerster Mühe ihre Aufregung).

Freilich, das konnten Sie nicht.

Jenner.

Er blieb aber so lange drin, daß ich dachte, es wäre ihm etwas zugestoßen, und sachte die Thür aufmachte. Da stand er vor Ihrem Platze am Nähtische, hatte die Hände vor sich hin gefaltet, und als ich fragte: „Haben Sie das Buch?" wendete er sich verlegen und sagte, „ich finde es nicht" — dann ging er haftig fort, und obschon er sein Gesicht abwandte, merkte ich doch, daß er ganz verweint aussah.

Mariane.

Verweint?

Jenner.

Ja gewiß und wahrhaftig, Fräulein, er hatte ganz
rothe Augen, und denken Sie — zum Abschied drückte er
mir ordentlich ganz freundschaftlich die Hand. — Aber,
Fräulein, es geht Ihnen doch wohl nahe? Ach, ich hätte
lieber nichts sagen sollen.

Mariane (geht lebhaft durch's Zimmer).

Jenner.

Es war recht einfältig von mir. Nun habe ich Ihnen
wohl den ganzen Tag verdorben?

Mariane (küßt sie).

Nein, nein, das haben Sie nicht. Entschwundene
schöne Träume haben Sie mir zurückgerufen, ach die
Wirklichkeit ist ganz anders. (Sieht sie prüfend an.) Und
fürchten Sie die Tyrannei der Männerliebe nicht? Ahnen
Sie nicht, daß Sie in solcher Ergebenheit an Ihren Ge=
liebten allen Willen, alles Denken aufgeben werden?

Jenner.

Ach, liebstes Fräulein, das ist schon jetzt so, wie
Sie sagen. Ich habe keine andre Gedanken, als an ihn,
ich habe keinen andern Willen, als ihm zu gefallen, und
das versüßt mir selbst unser Unglück; weiß ich doch, daß
es ihm eben so ergeht. Ach wenn der liebe Gott nur
gäbe, daß wir uns bekämen, ich wollte Alles thun, was
ich ihm an den Augen absehen könnte, er würde ja vom
Morgen bis zum Abend auch nur mir zu Gefallen leben,
nun — und dann geschähe ja Alles, was ich wollte.

Mariane.

Das ist ein schöner Irrthum, man könnte Sie darum beneiden.

Jenner.

Nein, nein, das ist gewiß die volle Wahrheit, es heißt ja auch in unsrem schönen alten Liede:

Wo sich zwei Menschen herzlich lieben,
Giebt's keinen Zweifel, keinen Streit.
Sie sind in Gottes Hand geschrieben
Zu ungetrübter Seligkeit.

Mariane (wirft sich an ihren Hals).

Sie sind ein liebes, gutes, herziges Mädchen, Sie sollen, Sie wenigstens müssen glücklich seyn. Fassen Sie Muth und wenn alles Liebesglück auf Erden verdorren und vergehen muß, das Ihre wird sich freundlich wen=den, seyn Sie getrost! (Sie eilt ab.)

Vierter Auftritt.

Mamsell Jenner. Gleich darauf die Kammerräthin und Friedrich. Später der Kammerrath.

Jenner.

Von Herzen ist das Fräulein doch recht gut. Ob sie den Assessor wirklich lieb gehabt? — Und wer kann denn nur der neue Bräutigam seyn?

Kammerräthin (zu Friedrich, der mit ihr eintritt).

Jetzt geschwind, die Toilette hinaus (Friedrich und Mamsell Jenner tragen sie fort), die Fremden werden sogleich kommen.

Kammerrath (unstät und aufgeregt).

Nun wie steht's, hier Alles in Ordnung?

Kammerräthin.

Ei freilich. Die Anstalten sind festlich genug; (seufzend) ich wollte, mir wäre auch festlich zu Muth.

Kammerrath.

Ja wohl, ja wohl, es ist kein guter Tag. — Auf dem Bureau war Alles in Allarm, es ist gestern ganz unvermuthet ein Decret erschienen, das gewaltige Reductionen unter allen Staatsdienern verfügt.

Kammerräthin.

Ist es möglich!

Kammerrath.

Ja, das wird Manchen treffen, der's nicht denkt. Der alte Dallen, der gute Berger, waren schon ganz niedergeschlagen, ja, ja, werden wohl dran glauben müssen. — Wohl dem, der einige Connexionen hat, wohl dem!

Kammerräthin.

Nun, dadurch wird doch auch mancher Posten erledigt?

Kammerrath.

Richtig, mein Schatz, richtig, das ist die beste Ge-

legenheit zum Vorrücken, jetzt rechne ich auf meine Gön=
ner, jetzt rechne ich auf sie.

Kammerräthin.

Ach was ich Dir sagen wollte, der Präsident und der
Geheimerath haben absagen lassen.

Kammerrath (stutzt).

Absagen? — Kommen nicht zum Frühstück?

Kammerräthin.

Sie hätten dringende Geschäfte, nun und das mag
unter diesen Umständen wohl der Fall seyn.

Kammerrath.

Gewiß, gewiß, diese Reductionen geben viel Arbeit.
— Was macht Mariane?

Kammerräthin.

Sie ist so eben mit der Toilette fertig geworden.

Kammerrath.

Haben sie geschrieben?

Kammerräthin.

Wer?

Kammerrath.

Der Präsident, der Geheimerath.

Kammerräthin.

Wie denn?

Kammerrath (ungedulbig).

Ich meine: schriftlich oder mündlich abgesagt?

Kammerräthin.

Der Bediente des Präsidenten hat es nur bestellt.

Kammerrath.

So, so — nun thut nichts — ist auch so besser, an dem Bräutigam ist nichts Sonderliches zu präsentiren. Kannst Du aber errathen, wer durch diese Reduction schon vorgerückt ist, wer?

Kammeräthin.

Nun wer denn?

Kammerrath (ihr ins Gesicht).

Der Herr Assessor Born.

Kammeräthin.

Born?

Kammerrath.

Ist Rath geworden, Regierungsrath.

Kammeräthin.

Regierungsrath?

Kammerrath.

Regierungsrath.

Kammeräthin.

So schnell?

Kammerrath.

'S ist unerhört, er war der jüngste Assessor.

Kammeräthin.

Siehst Du, da war's doch eine Uebereilung, mit ihm zu brechen.

Kammerrath.

Nun freilich; aber mit Marianen ist ja gar nicht zu reden, wenn sie sich einmal etwas in den Kopf gesetzt.

Das kommt von der steten Nachgiebigkeit der lieben Mutter.

Kammerräthin.

Von meiner —?

Kammerrath.

Ja, ja, Du verziehst das Mädchen doch ein wenig.

Kammerräthin.

Hast Du ihm nicht gerade das Haus verboten?

Kammerrath.

Sollte ich mein Kind und mich von ihm beleidigen lassen?

Kammerräthin.

Nun denn —

Kammerrath (verdrießlich).

Wir wollen nicht streiten, gescheh'ne Dinge sind nicht zu ändern, laß es gut seyn. Dieser Tölpel von Bräutigam erhält uns wenigstens die Erbschaft.

Kammerräthin.

Da schlägt es Elf.

Kammerrath.

So will ich mich nur etwas anders ankleiden. Es ist ein verdrießlicher Tag heut. (Geht ab.)

Kammerräthin (ebenfalls).

Ja wohl, ich wollte, er wäre vorüber.

Fünfter Auftritt.

Amtmann, etwas städtischer, **Christoph**, modern, ohne Geschmack, aber nicht lächerlich gekleidet, **Friedrich** öffnet ihnen die Thüre von außen.

Friedrich.

Wenn's gefällig ist, hier einzutreten?

Amtmann.

Schön, mein Freund, schön! — Nun sieh einmal an, wie das hier aussieht. Ist das nicht statiös?

Christoph (gleichgültig).

Ja, es ist recht schön.

Amtmann.

Wo bleibt man denn mit Hut und Stock? Es ist auch kein einziger Nagel in der ganzen Stube. — Bist ja so stille, Christoph, schon den ganzen Weg über.

Christoph.

Hm, es geht mir Mancherlei durch den Kopf.

Amtmann.

Komm' mir nur nicht wieder auf schlimme Gedanken!

Christoph.

Nein, Vater, Schlimmes denk' ich wahrhaftig nicht.

Sechster Auftritt.

Vorige. Mamsell Jenner.

Jenner.

Die Herren möchten nur einen Augenblick verziehen, der Herr Kammerrath —

Christoph.

Lenchen, mein Lenchen! Du bist es?

Jenner.

Ach Christel, Christel! (Sie halten einander in den Armen.)

Amtmann (verdutzt).

Daß dich alle Wetter! (Faßt sich und geht auf sie zu) Jungfer, was thut Sie hier?

Jenner.

Ach verzeihen Sie, Herr Amtmann, (macht einen Knir) ich habe Sie nicht sogleich gesehen!

Amtmann.

Ich will wissen, wie die Jungfer hieher kommt?

Jenner.

Mein Gott, ich bin ja hier im Dienst!

Amtmann.

Hier im Hause? — Ei, das ist ja ein verdammter Zufall!

Christoph.

Ein gesegneter ist es, Vater! Sehen Sie, es ist Gottes Wille, daß ich ein ehrlicher Kerl bleiben soll; jetzt weiß ich, was ich zu thun habe.

Amtmann.

Was weiß Er, Junge, was weiß Er?

Christoph (entschieden).

Ich heirathe die Muhme nicht, es mag kommen wie
es will!

Amtmann.

Junge!

Christoph (im höchsten Eifer).

Und ich bleibe Lenchen treu, wenn auch Sonne,
Mond und Stern vom Himmel fallen.

Amtmann.

Die werden nicht fallen, da kannst Du lange war=
ten; aber es könnte Dir was andres auf den Nacken
fallen.

Christoph (mit blitzenden Augen).

Wollen sehen, Vater, wollen sehen; ich bin kein
Junge mehr!

Amtmann (erstarrt).

Aber plagt Dich denn der lebendige —

Jenner.

Christel, vergiß Dich nicht!

Christoph.

Komm her, Kind, ich will Dir alles sagen: Sie
hatten mich kirre gemacht mit Schmeicheln und Drohen,
ich sollte die Muhme Mariane heirathen, der Erbschaft
wegen.

Jenner.

Fräulein Mariane ist Deine Muhme?

Christoph.

Heut sollte ich mit ihr verlobt werden, der Vater wollte mich zwingen und daß ich's nur gestehe, die schöne Muhme hatte mir auch warm und wirblicht gemacht.

Jenner (weinend).

Ach Christel, Christel!

Christoph.

Es ist ja nun schon wieder vorüber, so weine doch nur nicht, nun ich Dich wieder habe, könnte sie noch zehnmal schöner seyn, ich lasse von meinem herzliebsten Lenchen nicht mehr.

Amtmann.

Werdet Ihr nun ein Ende machen? Mord=Tausend=Element! Jungfer, will Sie sich zwischen Sohn und Vater stellen?

Jenner.

Nein, nein, das will ich nicht; thu' nur, was der Vater verlangt und laß mich gehen, ich werde mich bald zu Tode geweint haben. (Ab.)

Siebenter Auftritt.

Amtmann. Christoph.

Christoph (ihr nach).

Lenchen, Lenchen! höre doch!

Amtmann (hält ihn auf).

Hier geblieben! Wirst Du Ordre pariren?! — Sage mir, Junge, wie soll ich zu Dir reden?

Christoph.

Wie Sie wollen, Vater, wie Sie wollen, ich bleibe auf meinem Sinn.

Amtmann.

Willst Du mir gehorchen?

Christoph.

In allem Guten ja; wer aber einem Mädchen sein Wort bricht, das ist ein schlechter Kerl, und dazu sollen Sie mich nicht machen!

Amtmann.

Junge, wenn ich nicht bedächte —

Christoph.

Ja, bedenken Sie, Vater, bedenken Sie, daß ich mündig bin, daß ich mit Lenchen lieber Tagelöhnerbrod essen will, als zum Schurken an ihr werden, und daß ich, so wahr ein Gott im Himmel lebt, nicht von ihr lasse!

Amtmann (erschöpft).

Jetzt ist's aus! — Das ist mein Letztes! Nun muß die Welt untergehen, meine Erziehung hält auch nicht Stich.

Achter Auftritt.

Vorige. Der Kammerrath. Darauf nacheinander Hofrath und Frau, Tribunalrath und Frau, Lieutenant, Nelling.

Kammerrath (sehr freundlich).

Seyn Sie mir tausendmal willkommen, werther Herr Vetter! Mein lieber Vetter Christoph, schön willkommen, nun werden wir ja bald näher verwandt seyn.

(Hofrath und Hofräthin treten ein.)

Kammerrath (zum Amtmann).

Verzeihen Sie! (Er geht den Eintretenden entgegen) Bin unendlich erfreut, Sie bei mir zu sehen!

Hofrath.

Sie hatten so befohlen —

Kammerrath (führt die Hofräthin zum Sopha).

Darf ich bitten, Platz zu nehmen? — Meine Frau und Tochter werden sogleich die Ehre haben —

(Nelling und der Lieutenant kommen.)

Nelling.

Herr Cousin, ich habe die Ehre —

Kammerrath.

Guten Morgen, lieber — (Stumme Begrüßung mit dem Lieutenant, dann Begrüßung der Gäste gegenseitig.)

Amtmann (halblaut).

Christoph!

Christoph.

Vater!

Devrient, dramatische Werke. II.

Amtmann.

Lieber Christoph, willst Du vernünftig seyn? Ich will ja nur Dein Bestes.

Christoph.

Vater, bei meiner Seele, ich kann nicht anders!

Amtmann.

Du ungerathne Range Du!

Nelling (mit dem Kammerrath in den Vorgrund kommend).

Wissen denn Ihre Gäste schon, warum sie heut geladen sind?

Kammerrath (verlegen).

Noch nicht —

Nelling.

Das wird eine Ueberraschung geben! Da ist wohl der Bräutigam? (Lorgnirt Christoph) Ah, das ist ein netter Junge!

(Tribunalrath und seine Frau kommen.)

Kammerrath (ihnen entgegen).

Mein verehrter Herr Tribunalrath! (Begrüßungen, er führt die Tribunalräthin zum Sopha.)

Nelling (zu Christoph tretend).

Wissen Sie wohl, daß Sie auch mein Vetter sind?

Christoph.

So? Das haben Sie wohl durch das Glas da gesehen?

Nelling (für sich).

Etwas impertinent, der gute Mensch! (Geht bei ihm vorüber, zum Amtmann). Ja, ja, mein Herr Amtmann, ich bin ein Vetter des Kammerraths, also auch der Ihre!

Amtmann (*kurz*).

Freut mich, freut mich!

Nelling (*geht zurück, ironisch*).

Ist mir ja eine außerordentlich angenehme Bekanntschaft!

Kammerrath.

Meine Herrschaften, ich habe auch die Ehre, Ihnen
hier meinen Vetter, den Oberamtmann Haber, vorzu-
stellen.

Amtmann (*für sich*).

Oberamtmann? —

Kammerrath.

Und hier, seinen Sohn, einen sehr hoffnungsvollen
jungen Cameralisten. (*Verbeugungen.*) Wenn Sie erlauben,
so rufe ich jetzt meine Frau und Tochter; ich begreife
nicht, wo sie bleiben! (*Ab.*)

Neunter Auftritt.

Vorige, ohne den Kammerrath. Bald darauf Born.

Hofräthin.

Das hat heut hier ein so wunderliches Ansehen.

Tribunalräthin.

Ja wohl, ganz befremdend.

Nelling.

Es wird noch besser kommen, meine Damen!

8*

Hofräthin (neugierig).

Wie so denn?

Friedrich (öffnet die Thür).

Treten Sie nur näher, der Herr Kammerrath ist hier.

Born (ganz schwarz gekleidet, aber um Oberrock, Flohr um den Hut, tritt ein). Wie, Gesellschaft? —

Hofrath (auf ihn zu).

Sieh da, Herr Regierungsrath, ich habe die Ehre zu gratuliren!

Nelling.

Ei, Wilhelm! Das ist ja eine Ueberraschung, Dich hier zu sehn! (Er hat ihn bei der Hand genommen und in den Vorgrund gezogen.)

Born (sich gegen die Gesellschaft verneigend).

In der That, ich bin eben so überrascht, Gesellschaft hier zu finden. Ich kam, in einer amtlichen Angelegen=heit den Kammerrath zu sprechen, der Diener führte mich in dies Zimmer —

Hofräthin.

Nun, ich wünsche Ihnen Glück zur Beförderung, Herr Regierungsrath!

Tribunalräthin.

Ich gleichfalls!

Tribunalrath.

Sie werden versetzt, wie ich höre?

Born.

In die westlichen Provinzen.

Lieutenant.

Haben ein schnelles Avancement gemacht.

Born.

Ein günstiger Zufall hatte mir einige entscheidende Arbeiten zuertheilt, diese Gelegenheit hat mich befördert, nicht mein Verdienst.

Hofrath.

Zu bescheiden, zu bescheiden!

Hofräthin.

Haben Sie Trauer, Herr Regierungsrath?

Born.

Meine Tante starb vor acht Tagen.

Nelling.

Das alte Fräulein Born? Davon hab ich ja nichts gehört. Hör einmal, die hat etwas für Dich gespart.

Born.

Ganz recht, auch das hat sie in ihrer wahrhaft mütterlichen Zärtlichkeit für mich gethan.

Tribunalräthin.

Sie haben viel in ihr verloren?

Born.

Das einzige Herz, das mich treu und uneigennützig liebte; ich stehe nun ganz allein.

Nelling (zieht ihn weiter vor).

Hör' einmal, bist Du etwa hieher gekommen, um diesen Herzensverlust wieder zu ersetzen—?

Born (verlegen).

Du glaubst —?

Nelling.

Ja, ja, Du siehst mir ganz so aus!

Born (verletzt).

Ich bitte, verschone mich!

Nelling.

Es wäre eine komische Situation; denn Mariane
soll so eben wieder verlobt werden.

Born (erschrocken).

Verlobt? — Mit wem?

Nelling.

Mit ihrem Vetter Haber dort — sieh Dir einmal den
Burschen an.

Born (rasch).

Das geschieht der Erbschaft wegen, das ist ein Werk
der Eltern.

Nelling.

Nicht doch, die sind außer sich darüber, es ist Laune,
reine Caprice von ihr; sie will auf's Land ziehen, eine
Schäferin werden, Geßnersche Idyllen spielen.

Born (für sich).

So ist denn auch der letzte Hoffnungsschein dahin!

Nelling (fortfahrend).

Ich gestehe, daß, seit dem Bruche mit Dir, ich selbst
wieder Pläne formirte, denn meine schöne Cousine sticht
mir nicht wenig in die Augen.

Born (rasch).

Leb wohl!

Nelling.

So bleibe doch!

Born (gegen die Gesellschaft).

Ich hoffe, Sie werden mir mein unverschuldetes Ein=
dringen in Ihren Kreis verzeihen, und meine Entschul=
digung gegen den Herrn des Hauses — (Er verbeugt sich,
abzugehen.)

Zehnter Auftritt.

Vorige. Kammerrath, Kammerräthin und Ma=
riane treten ein und stehen Born gegenüber.

Kammerrath.

Ei —

Kammerräthin.

Born! (Zugleich.)

Mariane.

Er ist's!

(Pause der Verlegenheit.)

Born.

Nur ein Zufall, Herr Kammerrath, macht mich zum
unwillkommenen Störer Ihres geselligen Kreises. Es sind
Ihre amtlichen Interessen, die mich hieher führten, doch
diese festliche Stunde ist nicht für ein Gespräch gemacht,
das keine Freude bringt. Ich wurde gegen meinen Willen

vom Bedienten in dies Zimmer geführt und hoffe daher,
Sie werden es nicht für lästige Zudringlichkeit auslegen.

Kammerrath (mit einem dumm verlegenen Gesichte).
Bitte! bitte! —

Born.

Da mich indeß der Zufall zu einem so glückverheißen=
den Feste hiehergeführt, so darf ich Ihnen, mein Fräu=
lein, wohl meine Wünsche dafür darbringen. Man lobt
ja die raschen Entschlüsse, möge der Ihrige Ihnen so
viel Glück gewähren, als er Ihnen leicht geworden seyn
mag! (Ab).

Elfter Auftritt.

Vorige, ohne Born.

Nelling (zum Hofrath).
Das war ein curioses Intermezzo!

Hofrath.

Unangenehme Verlegenheit!

Kammeräthin (zu Mariane).
Willst Du die Damen nicht begrüßen. (Sie thut es.)

Kammerrath (zu Nelling).
Der Esel, der Friedrich, den Menschen hier herein
zu führen.

Nelling.

Ja, es ist ein Geniestreich, er wußte nicht was er that.

Mariane (ist bei den Damen vorübergekommen und steht seitwärts im Vordergrunde; für sich). Daß er mich so um alle Fassung bringen konnte! Wie stolz, wie verächtlich er auf mich sah, wie bitter seine Worte, — nein, er hat nie um mich geweint.

Amtmann (zu Christoph, im Vorgrunde rechts).

Nun, guten Tag wirst Du ihr doch sagen können? (Er bringt ihn hinüber.)

Kammerräthin (tritt zu Marianen).

Dein Bräutigam kommt zu Dir.

Mariane (fährt aus ihrer Versunkenheit auf).

Wer?

Christoph.

Guten Tag, liebe Muhme! (Er reicht ihr die Hand.)

Mariane (giebt ihm die ihrige).

Nelling (zum Lieutenant).

Die Scene ist zum Todtlachen!

Mariane (zur Kammerräthin, geringschätzig).

Mutter, er sieht albern aus.

Kammerräthin.

Wie, liebes Kind?

Mariane.

Wie hat er mir nur jemals erträglich scheinen können?

Amtmann (ist mit Christoph wieder zur Seite getreten).

Nur eine Stunde noch sey ein gehorsamer Sohn, verlobt ist ja nicht copulirt, Du kannst nachher immer

noch thun, was Du willſt, mach mir nur hier keine
Schande.

Chriſtoph.

Ich will nicht lügen!

Kammerrath (tritt in die Mitte vor; verlegen).

Meine Herren und Damen —

Nelling (zum Lieutenant).

Still, jetzt wird's feierlich!

Mariane (halblaut zur Kammerräthin).

Mutter, ich kann nicht! —

Kammerräthin.

Was, mein Kind?

Mariane.

Ich kann ihn nicht heirathen!

Kammerräthin.

Aber —
(Die Damen ſind aufgeſtanden. Alle Gäſte haben erwartungsvoll einen
Halbkreis geſchloſſen.)

Kammerrath.

Ich habe mir die Ehre gegeben, Sie heut einzula=
den, um Sie zu Zeugen einer Handlung — einer Bege=
benheit — zu machen —

Mariane (wie vorher).

Nein, wahrhaftig, ich thu' es nicht!

Kammerräthin.

Mariane, biſt Du bei Sinnen?!

Kammerrath.

Es betrifft nämlich die —

Mariane (laut).

Sprich nicht weiter, Vater, (halblaut zu ihm) und wenn's mein Leben kostet, ich kann es nicht! (Sie läuft hinaus.)

Kammerräthin (ihr nach).

Mariane!

(Alles sieht sich verlegen an).

Tribunalräthin.

Ist dem Fräulein Tochter etwas zugestoßen?

Kammerrath (betäubt).

Weiß nicht, — wahrscheinlich —

Hofräthin.

O, wollen Sie nicht nach ihr sehen? —

Kammerrath.

Wenn Sie erlauben! (Geht) Ich bin sogleich wieder bei Ihnen! (Ab.)

———

Zwölfter Auftritt.

Vorige, ohne den Kammerrath.

Hofräthin (zur Tribunalräthin).

Das wird ja heut immer besser hier. Was sollte denn das eigentlich vorstellen?

Tribunalräthin.

O, das sind ja scandalöse Auftritte!

Nelling (zu den Herren).

Gott weiß, was es giebt, eine kleine Caprice —

Chriſtoph.

Nun ſehn Sie, Vater, jetzt wird doch nichts daraus!

Amtmann (entſchloſſen).

Nun ſey ſtille, Chriſtoph, wenn ſie zurücktreten, müſſen ſie drauf zahlen, nun ſey Du nur ganz ſtill!

Dreizehnter Auftritt.

Vorige. Der Kammerrath kommt zurück.

Kammerrath (ſehr verwirrt).

Entſchuldigen Sie nur, — meine Frau und Tochter werden bald wieder hier ſeyn, — wollen Sie uns indeß wohl die Ehre erzeigen, ein kleines Frühſtück anzuneh= men? (Er nöthigt zum Eintritt in den Speiſeſaal; zum Hofrath) Lieber Vetter, machen Sie den Anfang. (Zur Hofräthin) Beſter Herr Lieutenant, greifen Sie zu — ach verzeihen Sie, was rede ich nur? — Treten Sie gefälligſt ein.

Nelling.

Es geht heut etwas confus zu, nur näher, näher, meine Herrſchaften! (Er führt die Hofräthin; der Kammerrath nöthigt den Hofrath und den Lieutenant in den Speiſeſaal.)

Tribunalräthin (zu ihrem Manne).

Hier iſt irgend etwas vorgefallen; es ſcheint mir nicht ſchicklich zu bleiben.

Tribunalrath.

Wie Du willſt, mein Kind!

Tribunalräthin.

Nur noch zwei Worte mit der Hofräthin. (Sie wenden sich zum Speisesaale, der Kammerrath kommt ihnen entgegen.)

Kammerrath.

Ist es nicht gefällig, Frau Tribunalräthin?

Amtmann (hält ihn am Rocke).

Herr Vetter, auf ein Wort!

Kammerrath (macht sich los).

Nach dem Frühstück, Verehrtester, ich bitte einzutreten! (Er folgt dem Tribunalrath und Räthin.)

Amtmann.

Nun komm' zum Frühstück, Christoph, ich will Dir diesmal vergeben, denn nun fischen wir doch etwas dabei.

Christoph.

Ach lassen Sie doch, Vater!

Amtmann.

Halt's Maul, — komm nur erst, wir wollen früh=stücken.

Christoph.

Aber was soll das Alles?

Amtmann.

Junge, ich sage Dir, ich habe Hunger und da weißt Du, ist mit mir nicht zu spaßen. Vorwärts! Du kennst den alten Feldwebel. (Ab in den Speisesaal, dessen Thür ge=schlossen wird.)

Vierzehnter Auftritt.

Mariane tritt lebhaft aus dem Seitenzimmer, die Kammerräthin folgt ihr. Bald darauf der Kammerrath.

Mariane.

Gut denn, ich will wieder zur Gesellschaft gehen,
aber ich erkläre dort rund heraus, daß ich es nicht thue,
Du magst sagen was Du willst!

Kammerräthin.

Mariane, Du treibst Deinen Eigensinn zu weit!

Mariane.

Ich heirathe keinen Mann, dessen ich mich schämen
muß!

Kammerräthin.

Hast Du ihn nicht mit aller Gewalt haben wollen?

Mariane.

Damals gefiel er mir besser, hier, neben Andern,
kommt er mir ganz unleidlich vor. Nein, nein, wie
könnte ich mich so in die Knechtschaft des Alltäglichen
hinabziehen lassen! Nimmermehr! Ich will ihn nicht,
ich will gar keinen Mann, nicht den schönsten, nicht den
klügsten, nicht den besten, und wenn ich, als ein neues
Opfer des Ehezwanges, bis zum Altare getrieben werde,
so rufe ich dort: nein und immer nein!

Kammerrath (tritt ein).

Kammerräthin (zu ihm).

Nun versuche Du, was Du vermagst, ich richte
nichts aus. (Sie schließt auch die Thür des Gesellschaftszimmers.)

Kammerrath.

Mariane, Du erschöpfst meine Langmuth, das geht zu weit. Zwei Tage vor Deinem zwanzigsten Geburtstage willst Du abermals Deinen Sinn ändern? — Das geb' ich nicht zu, das nicht, nimmermehr, jetzt mußt Du heirathen. Du hast uns die Einwilligung zu dieser Heirath abgedrungen —

Mariane.

Ihr hättet sie doch nicht zugeben sollen, es war eine Thorheit, ein Wahnsinn; Ihr hättet mich um jeden Preis davon abhalten müssen.

Kammerrath.

O Du undankbares Kind!

Kammerräthin.

So lohnst Du unsre Liebe, unsre treue Sorge? —

Kammerrath.

Hast Du denn nicht durchaus Deinem freien Willen folgen wollen?

Mariane.

Vater, wo ist der Brief, den Born an mich geschrieben?

Kammerrath (betreten).

Ein Brief?

Mariane.

O ich weiß Alles, Vater; wo ist der Brief, laß mich ihn sehn!

Kammerrath (nach einigem Zögern).

Ich habe ihn verbrannt.

Mariane.

Verbrannt?

Kammerräthin.

Du wolltest ja nichts mehr von ihm hören?

Kammerrath.

Wir wollten Dich nicht auf's Neue beunruhigen.

Mariane.

Siehst Du, Vater, hier handeltest Du ohne meinen Willen, und wo mein Wille mir Unheil bringt, da giebst Du ihm nach; — ich bin das unglücklichste Geschöpf!

Kammerräthin.

Nun, mein Kind, wenn Du vielleicht mit Born wieder anknüpfen wolltest —?

Mariane.

Wie?

Kammerrath.

Ja Mariane, gewiß reicht er mit Freuden die Hand, sonst wäre er wohl heut' nicht hergekommen; denn was er da als Vorwand vorbrachte, war ja ganz unverständlich. Ich will es vermitteln, noch morgen werdet ihr verheirathet und Alles ist gut.

Mariane.

Der elenden Erbschaft wegen, meinst Du, soll ich dem schnöden, stolzen Menschen mich gefangen geben?—

wäre ich eine Bettlerin, für keine Million reichte ich ihm nur die Spitze meines Fingers.

Kammerrath.

Man könnte ja —

Mariane (schmerzlich).

O Ihr quält mich zu Tode! Ich will nicht heirathen, niemals! Nehmt doch das goldne Joch dieser Erbschaft endlich von meinem Nacken, ich sterbe ja an dieser ewigen Marter! (Sie sinkt auf's Sopha. Pause)

Kammerrath.

Nun denn, so ist die Summe hin, auf welche ich schon gerechnet. Ich weiß nicht, wie ich zurecht kommen werde; wir müssen uns einschränken —

Kammerräthin (fährt auf).

Einschränken? Eher sterben!

Kammerrath.

Nun will die auch sterben! Meinetwegen denn, Ihr macht es zu bunt, endlich reißt mir die Geduld. Warum hast Du Deine Tochter so verhätschelt und verzogen, daß ihre tolle Launen uns nun solche Streiche spielen?

Kammerräthin.

Hast Du ihr etwa gewehrt, wie es dem Vater geziemt? Hast Du Dich nicht Allem gefügt?

Mariane (springt auf).

Um Gotteswillen, beste Mutter, keinen Streit! keinen Streit um mich, sonst muß ich mein Daseyn verwünschen.

Funfzehnter Auftritt.

Vorige. Amtmann und Christoph. Friedrich an der Thür.

Amtmann (drängt Friedrich von der Thür).

Er wird mich doch nicht hindern wollen? Marsch fort! (Mit Christoph eintretend).

Kammerräthin.

Da kommen die rohen Menschen!

Amtmann.

Nun, Herr Vetter, ich wollte mir doch einige Aufklärung ausbitten. — Sie lassen uns wie die Narren sitzen, die Gäste gehen ihres Weges, Niemand bleibt, als der Officier und der naseweise Vetter, die uns immer in die Zähne lachen —

Kammerrath.

Ach Gott, unsre Gesellschaft haben wir ganz vergessen.

Amtmann.

Das thut auch weiter nichts, obschon ich Sie auf dem Amte besser aufgenommen habe. Ich frage nur, was soll daraus werden? Hat die Jungfer Muhme ihren Sinn geändert —?

Kammerrath.

Ja, leider ist es so!

Christoph (der sich bisher zurückgehalten, tritt vor).

Aber, Vater —

Mariane (mit Würde).

Sie werden sich über nichts zu beschweren haben, ich heirathe gar nicht, die Erbschaft gehört also Ihrem Sohne; mag er sie zum Ersatz nehmen für das, was ich zurücknehmen muß.

Amtmann.

Wa — was? Ist das so, Herr Vetter?

Kammerrath (kleinlaut).

Wie meine Tochter sagt.

Amtmann.

Gut, gut, das ist gut. — Obschon Sie mich jammern, Herr Vetter, wie Sie sich doch auch mitspielen lassen! Na, meinetwegen, ich kann mir's gefallen lassen. Komm', Junge, nun bist Du ein gemachter Mann, nun kannst Du heirathen, wen Du willst.

Christoph (losbrechend).

Lenchen will ich, Vater, Lenchen, keine Andere. Herr Kammerrath, das Eine erlauben Sie, daß wir Lenchen Jenner gleich mitnehmen dürfen.

Kammerräthin.

Lenchen Jenner?

Amtmann.

Ja, die hier bei Ihnen im Hause ist. Jetzt mag er sie heirathen in Gottes Namen.

Mariane (erstaunt).

Sie lieben sie?

9*

Christoph.

Ach Gott, von Kindesbeinen an. Als Sie bei uns draußen waren, habe ich ja davon mit Ihnen gesprochen.

Mariane.

Wie? —

Christoph.

Sie gaben mir ja noch die Hand darauf, daß Sie sich unsrer annehmen wollten.

Mariane (für sich).

Und ich eitle Thörin —

Kammerrath.

Nehmen Sie das Mädchen in Gottes Namen mit, es wird nun doch Vieles hier im Hause anders werden.

Christoph.

Nun, Gott lohn's, Gott lohn's! Und Ihnen, Muhme, schenke der Himmel Friede und Freude!

Mariane.

Der Wunsch ist gut.

Amtmann.

Nun vorwärts, Du Zwanzigtausend=Thaler=Mann; es ist Dir besser geworden, als Du heut' verdient hast. Marsch, hole Deine Braut!

Christoph.

Das thu' ich, Vater; die wird einmal Augen machen! Und dann spanne ich ein, Vater, nicht wahr? dann geht's heidi hinaus, die Mähren sollen auftreten, als ob sie den Kaiser führen. Adje, Vetter! Adje, Muhme!

Amtmann.

Vorwärts! Marsch!

Christoph.

Gleich, Vater, gleich! (Läuft ab.)

Amtmann.

Sehn Sie, wie der Junge Ordre parirt? Das ist eine Freude! — Na, gesegnete Mahlzeit, gesegnete Mahlzeit!

(Ab.)

———

Sechszehnter Auftritt.

Kammerrath, Kammerräthin, Mariane. Bald darauf
Friedrich.

Kammerrath.

Da gehn die Tölpel hin und nehmen das schöne Geld mit fort.

Kammerräthin.

Es ist nicht zu ertragen!

Mariane.

Könnt Ihr es beklagen, daß Ihr dafür Euer Kind für alle Zeit gewonnen habt?

Kammerrath.

Kind, denke an mich, es wird Dir auch noch schwere Stunden machen!

Kammerräthin.

Du wirst noch bereuen, was Du heut' gethan.

Mariane.

Niemals, niemals werde ich es bereuen. Alles, was uns auf uns selbst zurückführt, ist eine Wohlthat, auf Niemand sonst sollte man bauen.

Friedrich (bringt dem Kammerrath ein Schreiben).

Der Canzeleibote hat es so eben abgegeben. (Geht wieder ab.)

Kammerrath.

Was ist das?

Kammerräthin (haftig).

Erbrich den Brief heut' nicht, heut' ist ein Unglücks= tag, warte bis morgen.

Kammerrath.

Ja, wird denn morgen etwas andres drin stehen, als heut'?

Mariane.

Liebe Mutter, was könnte es denn seyn?

Kammerräthin.

Ich weiß nicht, aber lies nur heut' nicht.

Kammerrath (geängstigt).

Du machst mir erst rechte Angst, und soll ich die bis morgen ertragen?

Mariane (bestimmt).

Nein, Vater, und wäre es das Schlimmste, feige soll es Dich nicht finden! (Sie erbricht den Brief und reicht ihn ihm.)

Kammerrath (lesend).

Was? — Was? —

Kammerräthin (in äußerster Spannung).
Nun?

Kammerrath (schreit auf).
Pensionirt! (Er sinkt auf einen Stuhl.)

Kammerräthin (außer sich).
Was sagst Du? (Sie nimmt das Schreiben und durchfliegt es.)

Mariane (eilt zum Kammerrath).
Lieber Vater —

Kammerrath (matt).
Pensionirt, das fehlte nur noch, — das war es, das hat mir schon den ganzen Tag auf der Brust gelegen; ich wußte wohl, das Schlimmste würde noch kommen. — Das war es gewiß, was Born mir sagen wollte.

Kammerräthin (hat gelesen, in Thränen ausbrechend).
In Ruhestand versetzt, binnen einem halben Jahre! — Nein, das Schicksal trifft uns zu hart, wie soll man das ertragen?

Kammerrath.
In welche verwickelte Lage gerathe ich da! Und meine Gönner, (er springt auf und durchmißt das Zimmer) meine vortrefflichen Freunde und Gönner!

Kammerräthin.
Der Geheimerath, der Präsident! wer hätte das gedacht!

Kammerrath.
Kaum von meinem Tische aufgestanden, lassen sie mich schon im Stich.

Mariane.

Siehst Du, Vater, wie falsch und unzuverläßig alle
Menschen sind? Sey froh, daß Du sie erkennst, um keine
Minute mehr an sie zu verlieren. Wir wollen uns ganz
auf uns beschränken, in Liebe und Entbehrung glücklich
seyn.

Kammerrath (hat sich auf der andern Seite der Bühne nieder-
gesetzt, die Hände auf die Kniee gestützt).

Kind, Kind, von schönen Redensarten wird man
nicht satt, und um die nobelste Gesinnung achtet uns kein
Mensch einen Pfifferling werth.

Mariane.

Richte Dich auf, Vater, denke besser von Dir selbst!

Kammerräthin.

Wie soll das werden? Auf Pension gesetzt,—in Schul-
den —

Kammerrath.

Die Erbschaft verloren!

Kammerräthin.

Wie soll das werden?

Mariane.

Wir werfen allen unnützen Glanz von uns, fort mit
diesem schönen Hause, dieser Einrichtung, dem Kleider-
pomp; wir befreien uns von all' der lächerlichen Eleganz
des Tages, einfach und bescheiden richten wir uns ein
und morgen, gleich morgen, mit einem kühnen Schlage
verändern wir so unser ganzes Leben.

Kammerräthin.

Ei, mein Kind —

Mariane.

Jetzt ist die Zeit gekommen, wo Ihr an Euer Kind gewiesen seyd, jetzt sollt Ihr sehen, wie ich Eure Zärtlichkeit belohnen will. Mit meiner Hände Arbeit will ich für Euch schaffen, bei Tag und Nacht sollt Ihr mich sorgsam finden, entbehren will ich, wachen, hungern, betteln, für Euch, für Euch, die ja, so lang' ich lebe, mit Freuden mir sich aufgeopfert haben!

Kammerräthin (in Marianens Arme).

Du liebe Tochter!

Kammerrath (in Marianens Arme).

Nein, ich bin nicht verarmt, ich habe meinen größten Schatz erhalten!

(Zugleich.)

Mariane.

O welche Seligkeit erfüllt mein ganzes Herz, jetzt endlich hab' ich meinen Weg zum Glück, zum freien Schalten meiner Kraft gefunden. Die heilige Kindesliebe soll die Begeisterung meines Lebens seyn!

(Der Vorhang fällt)

Vierter Akt.

(Ein einfaches Zimmer, jedoch mit den Möbeln des ersten Aktes.)

Erster Auftritt.

Mariane links am Tische, die Kammerräthin rechts auf dem Sopha mit einer Näherei beschäftigt. Beide in einfachen Hauskleidern.

Kammerräthin.

Der Geheimsecretair ist auch lange nicht hier gewesen und der Lieutenant wohl seit sechs Wochen nicht.

Mariane.

Daraus kannst Du sehen, liebe Mutter, daß ihnen an uns persönlich nie etwas gelegen war.

Kammerräthin.

O es war ihnen wohl daran gelegen, besonders um Deine Person; aber seit sich mit Dir selbst Manches verändert hat —

Mariane.

Freilich, ein Mädchen, das zweimal verlobt war,

wird gemieden. Die Sitte verurtheilt schonungslos und
Niemand fragt, wie sittlich die Beweggründe ihres Han-
delns gewesen seyn mögen.

Kammerräthin.

Ei, das meine ich nicht. Deine Freier haben Dich
ja nicht ausgeschlagen, Du hast zwei Körbe ausgetheilt,
das ist eine Ehre, keine Schande für ein Mädchen.

Mariane.

Glaubst Du?

Kammerräthin.

Nein, wenn wir nicht so eingeschränkt lebten und
Du Deine Mitgift nicht verscherzt hättest —

Mariane (sanft).

Warum wirfst Du mir das vor, liebe Mutter?

Kammerräthin.

Das thu' ich ja nicht, ich meine nur, es ist die Ursach, daß wir Tag aus Tag ein sitzen, ohne daß auch nur
eine lebendige Seele sich um uns bekümmert. Die Visiten-
stunde ist mir jetzt die traurigste Tageszeit.

Mariane.

Die tausendmal gehörten Redensarten dieser Visiten
wissen wir ja auswendig; sind wir nicht glücklich, diesen
Jämmerlichkeiten jetzt zu entgehen? Wer dem Leben einmal in das furchtbar ernste Gesicht geblickt hat, der kann
kaum begreifen, an welche Leichtfertigkeiten man sonst
seine Tage verschwendete.

Kammerräthin.

Ach die Reden kommen Dir alle nicht vom Herzen, die denkst Du Dir nur aus, um Dich zu trösten. Du bist jung und willst das Leben noch genießen.

Mariane.

Mutter, ich bin in diesen drei Monaten sehr alt geworden!

Kammerräthin.

Das ist's ja, was ich sage, alt und grau wird man vor der Zeit. Wenn der Vater nicht noch auf's Bureau ginge und Cousin Nelling nicht wäre, so wüßte man gar nichts mehr von Leben.

Mariane.

Ich dächte, wir erführen in uns selbst genug davon.

Kammerräthin.

Der Cousin wird mir wirklich mit jedem Tage lieber. Er ist der Einzige aus unserm Kreise, der sich nicht verändert hat, der sogar seit unserm Unglücke viel freundlicher und aufmerksamer geworden ist.

Mariane (arbeitet schweigend fort).

Kammerräthin.

Er besucht uns so oft, er hat dem Vater schon in unsren Verlegenheiten seinen Beistand angeboten.

Mariane (lebhaft).

Er hat ihn doch nicht angenommen?

Kammerräthin.

Bis jetzt nicht, aber am Ende —

Mariane.

Nimmermehr, Mutter, das würde uns Verbindlich=
keiten auferlegen, die sich doch niemals ausgleichen ließen!

Kammerräthin.

Ei, Mietzchen, warum bist Du denn so heftig? Ich
meine: Dir würde es gar nicht schwer werden, diese Ver=
bindlichkeiten zu lösen?

Mariane.

Ich verstehe Dich, verstehe schon längst, worauf das
ganze Verhältniß zielt. Kannst Du glauben, Mutter,
daß, nach dem was ich erfahren und gelitten, auch nur
der Gedanke an eine Verbindung mit irgend einem Manne
mir erträglich seyn kann?

Kammerräthin.

Aber, liebe Mariane, wie übertreibst Du das wieder!
Wärst Du denn etwa das erste Mädchen, das zweimal in
den Männern geirrt und sich dann doch noch glücklich verhei=
rathet hat? Dein Widerwille gegen die Ehe ist ganz ohne
Grund und — vernünftig ist er auch nicht. Wir bleiben
nun einmal von den Männern abhängig.

Mariane.

Doch nicht immer, Mutter!

Kammerräthin.

Selten ist es anders. Oder willst Du es unterneh=
men, Dir eine selbstständige Lage im Leben zu verschaffen?
Hast Du wohl Charakter und Fähigkeiten, die dazu ge=
hören? (Seufzend) Liebe Mariane, zu all' dem hätten wir

Dich ganz anders erziehen müssen; wer konnte daran
denken?

Mariane.

Der feste Wille vermag Alles!

Kammerräthin.

Er kann einen Menschen nicht ganz und gar verän=
dern. Liebste Mariane, fange nicht wieder an, was Du
nicht enden kannst, denke einmal vernünftig über Deine
Zukunft.

Mariane.

Mutter, Mutter, tragen wir an der Gegenwart nicht
genug? Soll ich jetzt noch eine Zukunft bedenken, wo ich
Euch nicht mehr haben werde?

Kammerräthin.

Nun, nun, laß gut seyn, mein Kind, die Zeit wird leh=
ren, wer von uns beiden Recht hat. Aber es wird Mit=
tag und das Mädchen ist noch nicht zurück. Ach, so auf
einen einzigen Domestiken beschränkt zu seyn —!

Mariane.

Ich habe ihr auch einen Auftrag gegeben, das mag
sie aufhalten.

Kammerräthin.

So muß ich nur selbst nach der Küche sehen.

Mariane (aufstehend).

Laß mich doch, liebe Mutter!

Kammerräthin (lächelnd).

Nein, nein, bleib' nur, Deine neulichen Versuche in

der Kochkunst sind auch nicht besonders ausgefallen. (Zur Seite ab.)

Zweiter Auftritt.

Mariane allein.

Ich habe zu viel unternommen. Ich halte die Eltern nicht aufrecht in Stille und Beschränkung und ich selbst erlahme an dieser inhaltlosen Sorgfalt für das bloße Fortvegetiren. O diese furchtbare Gewalt der gemeinen Wirklichkeit! Wie ein scheußliches Ungeheuer wälzt sie sich gegen mich heran. All' meine goldnen Träume entfliehen wie scheue Tauben vor ihrem giftigen Hauche. — Es ist zu viel, zu viel, was ich unternommen!

Dritter Auftritt.

Mariane. Das Dienstmädchen, ein Päckchen in der Hand.

Dienstmädchen.

Nun, Fräulein, da bin ich; aber ich habe nichts ausgerichtet.

Mariane.

Du bist lange ausgeblieben!

Dienstmädchen.

Von einem Kaufmann zum andern bin ich gegangen, es wollte keiner die Stickerei kaufen.

Mariane (nach augenblicklichem Kampfe, gelassen).

Es ist gut. Lege nur dahin und geh' zu meiner Mut=
ter, sie erwartet Dich.

Dienstmädchen (zur Seite ab)

Mariane (steht gedankenvoll vor dem Packet, welches das Dienstmäd=
chen auf den Tisch gelegt).

Das geht also nicht. Mein Wille reicht nicht an's
Vollbringen. — Also nicht der Eltern Lage soll ich er=
leichtern, mir künftig nicht das eigne Leben fristen kön=
nen? — (Sie wickelt die Stickerei aus dem Papierumschlage.) Was
die blödsinnigen Kinder im Gebirge zu Stande bringen,
ich vermag es nicht. — O ich bin ein unnützes Geschöpf!
(Sie wirft die Stickerei auf den Tisch und geht mit verschränkten Armen
durchs Zimmer) Was ist denn die Begeisterung, die uns bei
großen Gedanken mit Engelskraft durchglüht, wenn sie
nicht den elendesten Forderungen des Lebens gebieten kann?
— Ich seh's, ich seh's: mit Aufwallungen bezwingt man
das Leben nicht. (Sinnend) Einen Menschen kannte ich,
der auch in beharrlicher Arbeit den Schwung des idealen
Willens sich bewahrte. — Von ihm hätte ich lernen
sollen — „die Tage unsrer Liebe waren die besten deines
Lebens," so sagte er, als ich ihn von mir stieß. — O
es ist furchtbar, furchtbar wahr geworden! An ihm war
ich gewiesen von der Natur selbst; er hatte Alles, was
mir mangelte. — Und hat er mich denn gänzlich aufge=
geben? Fühlt er denn nicht, daß meine Seele wie ein
verirrtes Kind verzweiflungsvoll nach seiner Rettung

jammert? Hat meine wilde Hand denn auch das Band der Sympathie zerrissen, die in jenen schönen Tagen uns Eins des Andren Gedanken errathen ließ? — Wilhelm, kannst du mich denn so ganz vergessen haben?! — Still, still — ich darf nicht daran denken, wenn ich das Leben noch ertragen soll.

———

Vierter Auftritt.

Mariane. Kammerräthin. Dann der **Kammerrath** und **Nelling.**

Kammerräthin.

So eben kommt der Vater mit dem Cousin.

Mariane (für sich).

Gefaßt denn! Niemand darf es wissen, welche Kämpfe dieses Herz verschließt.

(Kammerrath und Nelling treten ein.)

Kammerrath (sehr aufgeregt, wirft den Hut auf einen Stuhl und geht, ohne Frau und Tochter zu begrüßen, durchs Zimmer).

Nelling (zur Kammerräthin).

Meinen schönsten guten Morgen, verehrte Cousine! (Er läßt ihr die Hand.) Wie geht es denn?

Kammerräthin.

Still, sehr still, wie gewöhnlich!

Mariane (geht dem Kammerrath nach).

Was ist Dir, Väterchen?

Kammerrath.

Ach laß mich!

Kammerräthin.

Was giebt's denn Neues?

Nelling.

Das Neueste, was ich heut' gesehen, bringe ich Ih=
nen mit, ein kleines Shawl, das ich am Fenster einer
Modehandlung hängen sah und das Ihnen vortrefflich
stehen müßte. (Er nimmt es aus dem Papierumschlage.) Erlau=
ben Sie? — (Er hängt es ihr um.)

Kammerräthin (geschmeichelt).

Ach lieber Cousin, so viel Aufmerksamkeit! — Sieh
einmal, Marianchen!

Nelling.

Wenn die schöne Cousine mir auch erlauben wollte
— (Er nimmt ein zweites Shawl aus dem Papier)

Mariane.

Wissen Sie nicht, was dem Vater fehlt?

Nelling.

Er ist etwas verdrießlich, es wird sich geben. Wollen
Sie die schönen Augen nicht hieher wenden?

Kammerräthin.

Mariane, so sieh doch einmal, was der Cousin uns
mitgebracht.

Mariane (zum Kammerrath).

Nein, Vater, ich lasse Dich nicht, Du mußt mir sa=
gen, was Dich so aufregt.

Kammerrath.

Was ist da viel zu sagen? übergangen bin ich wieder. Das hatte ich doch noch gehofft: man werde mich mit einem Orden entlassen, zur Anerkennung meiner treuen Dienste, zum Trost für meine plötzliche Pensionirung.

Kammerräthin.

Also ist es nicht geschehn?

Kammerrath.

Nichts, nichts, nicht eine Spur von meinem Namen auf der Liste.

Kammerräthin.

Wirklich nicht?

Mariane.

Laß es gut seyn, Vater, es kann ja nicht ein Jeder hervorragende Verdienste besitzen; getreue Pflichterfüllung giebt auch ein lohnendes Bewußtseyn.

Kammerrath.

Was Bewußtseyn! Mein Bewußtseyn kann ich nicht im Knopfloch tragen, davon weiß kein Mensch etwas.

Nelling.

Freilich, man liebt jetzt mehr: Orden ohne Bewußtseyn, als Bewußtseyn ohne Orden. Aber denken Sie doch nicht mehr daran, Papachen!

Kammerräthin.

Es ist doch abscheulich! Ja, wenn man keine Diners mehr geben kann, so —

10 *

Kammerrath.

Man hätte doch einem alten Manne die Freude machen können! Dann hätte ich doch vor den Leuten, auf
der Straße noch eine Satisfaction gehabt, außerdem hab'
ich ja doch keine Freude mehr zu erwarten!

Mariane.

Du bist sehr hart, Vater!

Nelling.

Nicht doch, Papachen, Sie können noch Freude genug erleben in Ihrem Hause, an Ihrer liebenswürdigen
Tochter!

Kammerräthin.

Ja gewiß, Mariane wird nun Alles aufbieten, Dir
Deine alten Tage noch recht heiter und sorgenfrei zu
machen.

Kammerrath.

Sorgenfrei, das wird so leicht nicht seyn!

Nelling (mit Beziehung auf Marianen).

Wenn es mir nur vergönnt wäre, dazu etwas zu
wirken, wenn ich nur eine Stellung hätte oder erlangen
könnte, die mich dazu berechtigte; Sie sollten bald wieder der alte, muntere Papa seyn.

Kammerräthin (eben so).

Nun es kann sich ja noch Alles fügen. Ich bin überzeugt, was Mariane vermag, wird gewiß geschehen; sie
weiß ja, wie theuer sie ihren Eltern zu stehen gekommen ist.

Mariane (für sich).

O wie sie mit den Dolchen ihrer Reden mich in die Enge treiben!

Kammerrath (aufgebracht).

Und wer hat denn nun Orden bekommen, wer? Einige haben nicht halb so lange gedient als ich, und nun gar der Gelbschnabel, der Born!

Mariane (für sich)

Born?

Kammeräthin.

Der hat auch einen Orden bekommen?

Kammerrath.

Hat einen Orden!

Mariane.

Einen Orden?

Kammerrath.

Ein eingebildeter, brutaler Mensch von achtundzwanzig Jahren.

Kammeräthin.

Der keine Diners gab.

Kammerrath.

Der kein Glied regte, um sich zu bücken und zu ducken. Und ich, was habe ich nicht Alles darum gethan, was hätte ich nicht gerne gethan —!

Nelling.

Es ist himmelschreiend!

Kammerräthin.

Der Mensch hat doch enormes Glück!

Nelling.

Nun da mag ich ihm jetzt nicht begegnen, denn wenn solchen superklugen Leuten auch noch äußere Anerkennung zu Theil wird, so ist gar nicht mehr mit ihnen auszukommen.

Mariane.

Ich kann mir wohl auch denken, daß man durch Anerkennung bescheidener wird.

Kammerrath (zur Kammerräthin, die indeß mit ihm gesprochen).

So lies selbst! (Er nimmt aus seiner Brieftasche ein beschriebenes Blatt, dabei fällt eine Visitenkarte zur Erde.)

Kammerräthin.

Da fällt etwas. (Indem sie sich darnach bückt, hat Nelling die Karte schon aufgehoben und ihr gereicht, sie liest) Regierungsrath Born pour prendre congé. Ist er schon abgereist?

Kammerrath.

Ja, ich vergaß Dir die Karte zu geben.

Mariane (mit mühsamer Fassung).

Zeig' doch, liebe Mutter! (Nimmt die Karte und betrachtet sie.)

Nelling.

O er ist schon vor vierzehn Tagen mit seinem jetzigen Präsidenten abgereist, der mit seiner Familie zum Besuche hier war; man munkelt auch, er werde die Tochter heirathen.

Kammerräthin.

Die Tochter des Präsidenten? Nun da weiß man ja gleich, wo der Orden herkommt!

Nelling.

Freilich, freilich!

Kammerrath (in der Ordensliste lesend).

Der Präsident hat auch eine höhere Klasse bekommen.

Kammerräthin.

Laß doch sehen! (Sie tritt zu ihm.)

Nelling (ebenfalls; sie lesen zusammen, ohne die Aufmerksamkeit auf sich zu ziehen).

Mariane (für sich, die Karte betrachtend).

Pour prendre congé! — Vielleicht die letzten drei Buchstaben von seiner Hand für dieses Leben; sie schlie=ßen es ab. Er wird vergessen und glücklich seyn, wie er es verdient, ich — mein verlorenes Leben hat keinen Werth mehr. (Auf die Worte blickend) Pour prendre congé de mon amour — (sie drückt die Karte an die Lippen) pour pren=dre congé de la vie!

(Es wird an der Thür geklopft.)

Kammerräthin.

Nun morgen kommt's in's Amtsblatt, da wird sich Mancher wundern!

(Es wird stärker geklopft.)

Nelling.

Es klopft Jemand.

Kammerrath.

Herein!

Fünfter Auftritt.

Vorige. Christoph und Lenchen.

Christoph.

Na endlich sind wir doch recht gegangen!

Kammerrath.

Ei sieh da, der Herr Vetter Haber!

Nelling.

Und die junge Frau Muhme!

Christoph.

Ja wir wollten uns Ihnen doch einmal als Eheleute präsentiren!

Lenchen (zu Marianen und der Kammerräthin).

Und Ihnen für unser Glück danken.

Kammerräthin.

O ich bitte —

Lenchen.

Ja, Ihnen sind wir es doch allein schuldig!

Mariane.

Kommen Sie, liebe Cousine, setzen Sie sich zu uns.
(Sie führt sie zum Sopha.)

Lenchen.

Ach Sie sind gar zu gütig!
(Christoph und Kammerrath setzen sich auf Stühle nah' dem Sopha. Nelling tritt antheillos zu Marianens Arbeitstisch, mustert ihre Arbeit, nimmt ein Buch u. dgl.)

Christoph.

Wir haben Sie schon gestern Abend besuchen wollen, da fanden wir fremde Leute in Ihrem schönen Hause und man sagte uns, daß Sie hier in der Vorstadt wohnten.

Kammerrath und Kammeräthin (sehen verlegen aus).

Mariane.

Ja, wir haben diese freie Gegend vorgezogen.

Christoph.

Sie haben, mein Seel', ganz recht gethan, hier mitten in den Gärten holt man leichter Athem, als zwischen den hohen Steinklumpen, die einem den Himmel ganz verbauen. Aber wir konnten Sie nun gar nicht finden und haben uns darüber so versäumt, daß wir jetzt nur auf dem Sprunge hier sind.

Kammeräthin.

O, Sie wollen uns so bald wieder verlassen?

Christoph.

Ja nehmen Sie's nicht übel, Frau Muhme, aber heut' können wir nicht hier bleiben, wir müssen noch Abends nach Gunzau zurück und der Weg ist schlecht.

Kammerrath.

Das thut uns ja recht leid!

Kammeräthin.

Nun, Sie sind wohl recht glücklich?

Chriſtoph.

Ja das weiß Gott, über alle Maßen glücklich, es kann im Leben nicht beſſer werden!

Lenchen.

Unberufen, Chriſtoph, unberufen!

Chriſtoph.

Ei was, Lenchen, ſag' nicht ſo, der liebe Gott hört ſo viele Klagen, da muß es ihm lieb ſeyn, auch einmal zu ſehen, daß er's irgendwo einem Menſchen recht ge= macht hat.

Lenchen.

Ach ſo darf ich es gar nicht nennen, unſer Glück iſt zu groß. Alle Morgen, wenn ich aufwache, muß ich mich beſinnen, ob ich nicht bloß ſo glückſelig geträumt habe, ich kann immer gar nicht glauben, daß es Wirklichkeit iſt und ſo bis an unſer Ende bleiben ſoll.

Chriſtoph.

Ja, wir leben wie im Himmel. Nun, und Arbeit haben wir auch, Gott ſey Dank, genug.

Lenchen.

Ach ja, daran fehlt es nicht. Beim Abendbrod bin ich ſchon immer ſo müde — (in ſich hinein lachend) Ein paar Male bin ich ſchon auf Chriſtophs Schulter eingeſchlafen —

Kammerräthin.

Ei das läßt ſich denken.

Kammerrath.

Und wie befindet ſich denn Ihr Herr Vater?

Chriſtoph.

Gott ſey Dank, recht wohl und munter, — Ach, ich ſollte auch ſeine Empfehlung ausrichten, — ja der möchte uns gar nicht von Gunzau fortlaſſen.

Kammerrath.

Wollen Sie denn fort?

Chriſtoph.

Ei, wiſſen Sie denn nicht? ich habe ja das ſchöne Amt von Gersdorf gepachtet.

Kammerrath.

So?

Chriſtoph.

Ich bin gut angekommen, denke ich, zu Neujahr ziehen wir hin.

Lenchen.

Da müſſen Sie uns im Sommer beſuchen, es iſt gar zu ſchön da.

Chriſtoph.

Ja, das ſollten Sie thun und recht lange da bleiben.

Kammeräthin.

Das möchte Ihnen doch läſtig werden!

Chriſtoph.

I, wie wäre denn das möglich? Sind wir Ihnen doch all unſer Glück ſchuldig, wie muß es uns freuen, wenn wir Ihnen irgend eine Liebe erweiſen können!

Kammerrath.

Sehr freundlich, ſehr freundlich!

Christoph (wendet sich abgesondert zu ihm).

Nein, Herr Vetter, das ist keine bloße Redensart. Man kann nicht wissen, was für Zeiten kommen, aber wenn Sie einmal in's Gedränge gerathen, so packen Sie auf und kommen Sie zu uns hinaus, Sie sollen es nicht bereuen.

Kammerrath (drückt ihm die Hand).

Bin's überzeugt!

Christoph (steht auf).

Nun, Lenchen, wir müssen fort!

(Alle stehen auf.)

Kammerräthin.

Aber so eilig?

Christoph.

Nehmen Sie's nicht übel, ein andermal wollen wir den ganzen Tag hier bleiben. Nun leben Sie wohl und behüte Sie Gott!

Kammerräthin.

Glückliche Reise!

Kammerrath.

Nun, Sie haben schönes Wetter — (Sie scheinen fort-zusprechen, im Mittelgrunde stehend.)

Mariane (im Vordergrunde, reicht Lenchen die Hand).

Leben Sie glücklich; doch das braucht man Ihnen nicht zu wünschen.

Lenchen.

Nein, alle meine Wünsche sind erfüllt, bis auf den, daß mein Glück Ihnen reichlichen Segen bringen möge.

Ich konnte Ihnen meinen Dank noch nicht ausdrücken, aber ich habe den lieben Gott Morgens und Abends gebeten und will es mein Lebelang thun, daß er es Ihnen vergelten möge mit tausendfältiger Freude!

Mariane (küßt sie).

Ja, bitten Sie, bitten Sie für mich, und leben Sie wohl!

Christoph (treibend).

Lenchen!

Lenchen.

Adieu! (Das Schnupftuch vor den Augen, wendet sie sich zur Thür, wohin Kammerrath, Kammerräthin und Christoph schon im Gespräch gelangt sind — sie kehrt wieder um; schluchzend) Zu Martini darf ich Ihnen doch ein paar Gänse schicken, nicht wahr? (Sie trocknet die letzten Thränen.) Sie werden in diesem Jahre ganz prächtig.

Mariane.

Ja, ja. (Nickt ihr freundlich und reicht ihr die Hand.)

Christoph.

Aber Lenchen!

Lenchen.

Gleich, gleich! (wieder zu Mariane) Na, dabei bleibt's; nochmals Adieu! (Sie geht.)

Christoph (zum Kammerrath).

Sie werden doch nicht mit hinausgehen?

Kammerrath.

Erlauben Sie mir, Ihnen das Geleit zu geben!

(nach einander.)

Kammerräthin.

Lieber Vater, es zieht auf dem Flur, nimm Deinen Hut — (Sie giebt ihm denselben.)

Nelling.

Erlauben Sie mir, Ihre Stelle zu vertreten.
(Er drängt sich zur Thüre und öffnet sie.)

Christoph.

O, bemühen Sie sich doch nicht!

Nelling.

Ich nehme es für meine Schuldigkeit.

Christoph und Lenchen (in der Thür).

Nun denn, leben Sie wohl!

Kammerrath (im Abgehen).

Nein, nein, ich lasse mir das auf keinen Fall nehmen.

Kammerräthin.

Adieu! Adieu!
(Kammerrath, Christoph, Lenchen und Nelling ab.)

Sechster Auftritt.

Kammerräthin. Mariane.

Kammerräthin.

Es sind recht gute Menschen, man könnte ihnen ihr Glück von Herzen gönnen, wenn wir nicht dabei so viel verloren hätten. — (Sie nimmt das Schlüsselbund vom Tische.)

Was der alte Amtmann für Freude erlebt. Ja, Kinder
sind ein großer Segen, wenn sie ihrer Eltern Glück be=
herzigen! — (Sie geht zur Seite ab.)

Siebenter Auftritt.

Mariane steht in sich versunken auf der Stelle, wo Lenchen von ihr
Abschied nahm, die Hände im Schooße gefaltet.

Was gewährst du mir denn nun, du goldener Götze
meiner Freiheit, da ich wie eine Bettlerin beschämt und
neidisch vor dem Liebesglücke dieser beschränkten Menschen
stehe? Kannst du nun den Durst meiner Seele mit dei=
nen prahlerischen Lügen stillen? Bin ich nun frei, da die
Sorge meinen Nacken beugt, da meiner Eltern Klagen
von meinem Leben Ersatz und Schadloshaltung fordern?
(Sie geht einige Schritte.) O daß wir unsre Thorheit erst er=
kennen, wenn sie den Grundbau unsres Lebens schon zer=
stört! — Nur in der Liebe ist vollkommne Freiheit, nur
in der Liebe ist Versöhnung für allen Irrthum, allen
Zwiespalt; jetzt glaube ich, jetzt begreife ich es, nun es
zu spät, nun alles Lebensglück verloren ist.

Achter Auftritt.

Mariane. Nelling.

Nelling.

Das kann ich nicht abwarten, diese Reise=Anstalten ziehen sich zu sehr in die Länge. Was das für eine Um=ständlichkeit ist, ehe die guten Landbewohner auf der Ka=lesche zum Sitzen kommen. Die junge.Frau wird in des Mannes Mantel gepackt, gegen den rauhen Herbstwind, die Einkäufe von Zucker und Kaffee, Gott weiß was sonst noch für Packete und Flaschen werden hier und da=hin gepfropft; — so eine Land=Equipage ist doch das Lächerlichste von der Welt.

Mariane (hat sich wieder zur Arbeit gesetzt).

Und doch, glaube ich, gäbe manche Fürstin all ihre glänzenden Carrossen hin, um nur einen Tag lang so glücklich zu seyn, als die Frau dieses Landmannes.

Nelling.

Nun, das bezweifle ich, jeder Mensch hat seine be=sondere Vorstellung vom Glück.

Mariane.

Und nicht jeder hat eine Ahnung von dieser Liebes=seligkeit.

Nelling.

Doch doch! (Er setzt sich neben Marianen.) Danach sehnt sich jeder auf seine Weise, und so ein glückliches Paar macht immer den Wunsch rege, es ihnen nachzuthun;

fühlen Sie das nicht auch, Mariane? — Doch ein jun-
ges Mädchen äußert das nicht. — Wenn aber ein Mann,
der Sie schon lange zärtlich liebt, Ihnen jetzt seine Hand
anböte, wenn er Ihnen eine ziemlich glänzende Lage,
Ihren Eltern ein heitres, sorgenfreies Alter nach allen
ausgestandenen Stürmen verspräche, würden Sie ihn
ausschlagen?

Mariane.

Ich würde es; ich bin nicht geschaffen, einen Mann
zu beglücken.

Nelling.

Schöne, himmlische Mariane, wer ist es mehr als
Sie? Seyn Sie nicht grausam gegen mich, denn daß ich
mein eigner Anwalt bin, werden Sie wohl wissen; ich
liebe Sie wahrhaftig und will Alles daran setzen, Sie
glücklich zu machen.

Mariane.

Ich habe mit dem Glücke abgeschlossen, die Irrthümer meiner Jugend muß ich allein tragen.

Nelling.

Englische Mariane, wie können Sie sich solche Scru-
pel machen? Werfen Sie Ihre Irrthümer auf meine
Schultern und wenn Sie mit den meinigen nicht zu
scharf rechnen wollen, so werden wir federleicht und vergnügt durch's Leben gehen.

Mariane.

Lassen Sie uns abbrechen, lieber Cousin, Sie täuschen sich und wollen, daß ich Sie betrügen soll. Ich liebe Sie nicht und kann Sie niemals lieben.

Nelling.

Schönste Mariane, das Letztere bin ich so eitel zu be= zweifeln und das Erste — wenn die Liebe, die Sie im Sinne haben, zur Schließung einer Ehe unumgänglich nöthig wäre, so würden fast alle Menschen ledig bleiben. Wenn Sie mich noch nicht lieben, liebe ich Sie desto mehr, und Liebe erweckt ja Gegenliebe.

Mariane.

Glauben Sie?

Nelling.

Würde es Ihr Herz nicht rühren, wenn Sie mich, wenn Sie Ihre Eltern glücklich sähen, wenn —

Neunter Auftritt.

Vorige. Der Kammerrath.

Mariane.

Brechen Sie ab, mein Vater kommt!

Nelling.

Warum, theuerste Mariane? Warum soll Ihr Vater nicht hören, was es unter uns giebt? — (Er nimmt des Kammerraths Hand.) Ich habe so eben Marianen meine Hand angeboten, ist Ihnen das eine unwillkommene Erklärung?

Kammerrath.

Mir? — Wie sollte es? —

Nelling.

Und haben Sie nicht ein paar gute Worte zur Unterstützung meiner Wünsche?

Kammerrath.

Marianens Wahl ist unbeschränkt, ich will ihr auch mit Worten keinen Zwang auferlegen, sie muß sich selbst prüfen, ihre Lage bedenken. —

Mariane (für sich).

O Gott, mein Gott!

Nelling.

Ich bin weit entfernt, Sie um Entscheidung zu drängen, denken Sie über meinen Antrag nach, schöne Mariane. Denken Sie auch: daß Sie mich zu einem ganz neuen Menschen machen würden, der ich bisher etwas leichtsinnig hinein gelebt habe, denken Sie an Ihrer Eltern Glück —

Mariane.

Ich beschwöre Sie, hören Sie auf; ich kann die Ihrige nicht seyn, ich kann es nicht!

Kammerrath.

Liebe Mariane —

Nelling (vertraulich zum Kammerrath).

Lassen Sie ihr Zeit; die Zeit bringt ja Rosen, ich hoffe, es werden auch welche für mich dabei seyn. (Er nimmt den Hut.) Leben Sie wohl, geliebte Mariane, ich lege mein Loos in Ihre weißen, weichen Hände, werde ich es wohl finster und hart daraus zurück empfangen?

11*

Ich hoffe: nein! (Er reicht im Abgehen dem Kammerrath die Hand.) Empfehlen Sie mich der verehrten Frau Cousine; ich verliere den Muth noch nicht, kein Baum fällt auf den ersten Streich. (Ab.)

Zehnter Auftritt.

Mariane. Kammerrath.

Mariane (wirft sich in des Kammerraths Arme).

Nein, Vater, nein, das willst Du nicht, das kannst Du nicht wollen, daß ich mir selbst untreu werden soll.

Kammerrath.

Liebe Tochter, beruhige Dich doch nur, ich verlange ja nichts, gar nichts von Dir, Du hast von jeher Herrin über Dein Schicksal seyn wollen, ich will Dich jetzt zu nichts bestimmen. Nur bitte ich Dich: nimm Rath von Deiner Vernunft an, sieh die Welt an wie sie ist, nicht wie sie seyn könnte, und laß Dich nicht von überspannten Ideen leiten.

Mariane.

O mein Gott, hat mich das Schicksal noch nicht tief genug herabgestimmt?

Kammerrath.

Das kommt Dir so vor; Du bist gar zu hoch geflogen und nun glaubst Du Dich allzutief herablassen zu

müssen, zu dem Boden, auf dem doch alle Menschen ste=
hen. Sieh, mein Kind, Du sollst nichts thun, gar
nichts, um unsre jetzige Lage zu erleichtern, aber wie
willst Du die schwere Sorge von uns nehmen: wie es
einmal nach unserm Tode mit Dir werden soll? —

Mariane.

Ich sterbe mit Euch, Vater, ich überlebe Euch nicht!
(Sie wirft sich verzweiflungsvoll an seine Brust.)

Kammerrath.

Mariane, rede nicht frevelhaft, Du erschreckst mich.
Habe Gott vor Augen, mein Kind, habe Gott vor
Augen!

Mariane.

Ja, ja, Vater, ich will es! Er wird, er kann mich
ja nicht verlassen, er wird mir ja nicht mehr aufbürden
als ich tragen kann. — Nur sprich mir nicht von dieser
Heirath mehr, ich kann den Gedanken nicht ertragen!

Kammerrath.

Gut, gut, mein Kind, ich will Dich ganz Dir selbst
überlassen. Erwäge sorgfältig, was zu Deinem Heile
dient; glaube mir, ich habe nie etwas Andres als Dein
Glück gewollt. — Wir Alle haben dabei manches ver=
sehen, — denke darauf, es wieder gut zu machen, mein
Kind! — Deine Eltern werden nur glücklich seyn, wenn
Du es bist! (Ab.)

Elfter Auftritt.

Mariane allein.

Einmal noch hab' ich meinen jungfräulichen Stolz gerettet, noch bin ich frei, und rein und unentweiht das heißgeliebte Bild in meinem Herzen! Ich will es hegen in meiner tiefsten Seele, mit frommer Inbrunst, gleich einer heiligen Reliquie; zu ihm will ich flüchten in aller irdischen Bedrängniß. — Wird es mich immer schützen können? — Todt ist ja, todt ist Alles, was auf den Flügeln der Begeisterung meine Jugend trug, verweht, zerstoben sind meine Lebensideale. O Wilhelm! Wilhelm! Das Schicksal übt eine fürchterliche Vergeltung für Dich aus!

(Der Vorhang fällt)

Fünfter Akt.

(Elegantes Zimmer in Nellings Hause.)

Erster Auftritt.

Nellings Bedienter tritt aus dem Seitenzimmer, geht nach der Mittelthür und öffnet sie. Gleich darauf Born. Später Kammerrath.

Bedienter.
Sie möchten die Güte haben einzutreten.

Born (tritt auf).

Bedienter.
Herr Nelling läßt bitten, ein wenig hier zu verweilen; er ist noch im Comptoir beschäftigt. (Ab.)

Born.
Schon gut, schon gut! (Geht ruhig im Zimmer umher.) Hier sind ja manche Veränderungen vorgegangen, die Einrichtung ist noch eleganter, noch sorgfältiger geworden. — Er wird sich wundern, mich so bald wieder hier zu sehen, kommt es mir doch selbst ganz wunderbar vor,

daß mich der Zufall so schnell an einen Ort zurückführt, den ich auf immer zu verlassen dachte. — Nur Zufall? habe ich gar nichts dazu gethan? drängte es mich nicht, die Gelegenheit zu nützen, die mich, wenn auch nur auf Stunden, wieder in ihre Nähe bringen konnte? Vielleicht finde ich doch Gelegenheit, sie wenigstens zu sehen.

Kammerrath (von außen).

Ist er hier im Zimmer?

Born.

War das nicht die Stimme —

Bedienter (die Thür öffnend).

Nein, aber treten Sie nur gefälligst ein, ich werde es ihm sogleich melden. (Er geht in das Nebenzimmer.)

Kammerrath (der etwas gedrückt aussieht, ist eingetreten; jetzt erblickt er Born — erstaunt). Ei, Herr Regierungsrath, Sie hier?

Born (sich verbeugend, nicht ohne Befangenheit).

Ein schleuniges Regierungsgeschäft hat mich so bald in die Residenz zurückgeführt, doch muß ich heut Abend schon wieder fort. Ich wollte Herrn Nelling nur Briefe überbringen, die mir auf meiner Durchreise in Leipzig für ihn anvertraut worden.

Kammerrath.

Hm — er wird sich freuen! — (Pause.) Gefallen Sie sich in Ihrem neuen Wohnorte, wenn ich fragen darf?

Born.

Ich habe viel Arbeit vorgefunden, ich kann daher von dem übrigen Leben noch nicht urtheilen.

Kammerrath.

Hm, ja — junge Kräfte werden in Anspruch ge=
nommen — haben aber auch — ich hatte noch nicht
Gelegenheit zu gratuliren — (Auf den Orden deutend.)

Born.

Ich danke Ihnen, Herr Kammerrath! Diese Aus=
zeichnung ist mir sehr unerwartet zu Theil geworden.
Das Glück hat überhaupt mein stolzes Vertrauen auf je=
des redliche Bemühn übertroffen. Es ist nur Glück,
das ich sogar erst verdienen muß, aber ich nehme die
Zufriedenheit meiner Oberen, die Gnade meines Fürsten
als eine gütige Entschädigung des Schicksals für manche
andre Wunde, die es mir geschlagen.

Kammerrath.

Ja, ja — das Schicksal geht nicht immer säuberlich
mit uns um!

Born (theilnehmend).

Sie haben auch viel Hartes erfahren, ich habe davon
gehört.

Kammerrath.

Leider!

Born.

Glauben Sie mir, ich nehme den lebhaftesten Antheil
daran, es könnte mich unendlich glücklich machen, wenn
ich Gelegenheit hätte, Ihnen irgend einen Beistand zu
leisten.

Kammerrath.

Sie sind sehr gütig, Herr Regierungsrath! (Immer verlegener) Ich wüßte nicht —

Born.

Sie haben Ihr Haus verkauft, leben eingezogen, in Kurzem werden Sie auf geringen Gehalt gesetzt seyn, es ist unmöglich, daß Sie dabei all Ihren Verpflichtungen nachkommen können.

Kammerrath (seufzt).

Born.

Ich erhebe noch heut die kleine Erbschaft meiner seligen Tante; ich bin verlegen, wie ich das Geld unterbringe, wollte Nelling deshalb zu Rath ziehen; sollten Sie nicht eine Summe benutzen können? Sie würden mir eine unaussprechliche Freude bereiten.

Kammerrath (drückt ihm gerührt die Hand).

Sie sind ein wackrer, edler junger Mann!

Born.

Ich verdiene Ihr Lob nicht. Sprechen Sie, darf ich Ihnen nützlich seyn?

Kammerrath (schüchtern).

Nun denn, so will ich Ihnen gestehen, daß mich eigentlich eine große Verlegenheit hieher getrieben hat, es war ein saurer Weg. Gerade heut' kommt mir daher Ihr Anerbieten wie vom Himmel gesandt. Sehen Sie, ich habe bis jetzt Nellings Hülfe immer noch abgewiesen, Mariane wollte es so; daß ich nun heut', gerade am

Hochzeittage, ihn um Geld ansprechen sollte, das wurde mir zu schwer.

Born (unbefangen).

Ist heut sein Hochzeittag? Verheirathet sich Nelling?

Kammerrath (sieht ihn groß an).

Sie wissen nicht —? Das wußten Sie nicht?

Born.

Kein Wort. — Und wen, wen heirathet er?

Kammerrath (zögernd).

Nun — meine Tochter!

Born (erstarrt).

Mariane?!

Kammerrath (kleinlaut)

Ja, es hat sich so gemacht.

Born.

Und heute, heute schon?

Kammerrath.

Ja, es ist eine ganz stille Hochzeit; Nachmittags vier Uhr die Trauung in der Lorenzkirche —

Born (außer sich).

Und das konnten Sie zugeben?

Kammerrath.

Ja, war es doch Marianens freier Entschluß.

Born.

Ihr freier Entschluß? — So liebt sie Nelling?

Kammerrath.

Je nun, wenn auch nicht gerade wie Sie es meinen —

Born.

Und hat sie mich denn ganz vergessen, ganz aufge=
geben?

Kammerrath.

Herr Regierungsrath, wie kommen Sie darauf?
Wir wußten, daß Sie die Tochter Ihres Präsidenten
heirathen würden.

Born.

Ich? Thörichtes Geschwätz!—Das hat sie geglaubt,
mich verloren gegeben, dazu der Drang Ihrer jetzigen
Lage, o ich verstehe Alles!

Kammerrath.

Sie werden nicht von mir glauben, Herr Regierungs=
rath, daß ich meine Tochter um meinetwillen zu irgend
etwas veranlaßt hätte, was nicht zu ihrem eigenen Glücke
wäre; aber der Gedanke an ihre Zukunft —

Born.

Hat Mariane die Ueberzeugung, daß in dieser Ver=
bindung ihre Zukunft glücklich seyn werde —?

Kammerrath.

Anfangs hatte sie sie nicht, aber —

Born.

Nicht wahr, ihre ganze Seele sträubte sich dagegen?

Kammerrath.

Nun — aber dann — vor vier Tagen —

Born.

Vor vier Tagen?

Kammerrath.

Ja, es war meiner Frau Geburtstag, sie war un=
wohl, und als Mariane ihr nun Glück wünschte, war sie
sehr aufgeregt und in Sorge um Marianens Zu=
kunft — wir waren Alle recht betrübt. Als nun Nel=
ling auch kam und sich so aufmerksam bezeigte, jam=
merte das meine Frau immer mehr, und mich auch —
da zog Mariane auf einmal den Cousin in's Neben=
zimmer, wir wußten nicht, was sie vor hatte, dann
kam sie ganz wie verklärt wieder herausgestürzt.
,,Mutter'', sagte sie, ,,Mutter, trockne Deine
Thränen und sey ohne Sorge um mich, ich bin Nellings
Braut!''

Born.

Ja, ja, das ist Mariane, so erkenn' ich sie!

Kammerrath.

Und sehn Sie, so voll Freude und Ungeduld war sie
nun, daß sie Nelling drängte, Alles zu veranstalten,
daß die Hochzeit schon heut seyn könnte.

Born.

Und in dieser Hast erkannten Sie nicht den Zwang,
den sie sich selber auferlegen wollte?

Kammerrath.

Zwang, Herr Regierungsrath, was denken Sie? —
War da von Zwang die Rede?

Born.

O was haben Sie gethan? Was haft du gethan,
Mariane! und ich selbst, — hätte ich nicht gelinder mit
ihr verfahren sollen? O mein ungeduldiger, rauher Eifer!

Kammerrath.

Ja, es hätte Manches anders seyn sollen; wenn man
immer vorher wissen könnte, wie die Sachen kommen
würden! — Doch nun ist's einmal so und (seufzend) will's
Gott, wird's auch so gut werden.

Born.

Wie, Sie wollten in der That in das Unglück Ihrer
Tochter willigen?

Kammerrath.

Unglück?

Born.

Ahnen Sie nicht, was in Marianens Seele vorgeht?
Sie opfert sich Ihnen auf. Nellings Reichthum hat Sie
verblendet, der vielleicht schon am nächsten Tage die
Beute einer verfehlten Speculation wird und Marianen
in das größte Unglück stürzt, gekettet an einen Mann,
den sie nicht liebt, den sie nicht einmal achten kann!

Kammerrath (sehr erregt).

Machen Sie mir keine Seelenangst, es ist nun einmal
nicht zu ändern. Haben Sie mir Ihre Dienste nur an=
geboten, um mir wieder Zurechtweisungen zu geben, so
nehmen Sie Ihr Anerbieten zurück, ich werde wohl ander=
weitig Rath schaffen.

Born (faßt sich).

Nein, nein, verzeihen Sie meiner Heftigkeit — ich bin zu sehr erschüttert — vielleicht läßt sich auf andre Weise — auf jeden Fall sehn Sie mich in einigen Stunden, sehn Sie außer Sorgen! 🖤

Kammerrath (kleinlaut).

So will ich doch lieber gehn, daß Nelling mich nicht findet; entschuldigen Sie mich. Nochmals meinen Dank! (reicht ihm die Hand) Und denken Sie nicht übel von mir; glauben Sie, mir ist auch nicht wohl dabei zu Muth! (Ab.)

Zweiter Auftritt.

Born allein.

Allmächtiger Gott, was habe ich hören müssen? Mariane heut' noch seine Frau? Die Himmelsblüthen dieser reizenden Natur so in den Staub der Alltäglichkeit getreten! O was mußt du gelitten und gerungen haben, bis der Stolz deiner schönen Seele unterlegen! — Ich dulde es nicht! Nicht umsonst hat mich eine wunderbare Fügung heut' hieher geführt, ich rette dich dir selbst, vielleicht, vielleicht auch mir. Allein mit welchem Rechte stell' ich mich entgegen? — Wie soll ich? — Still, man kommt, nur Fassung und Besonnenheit!

Dritter Auftritt.

Born. Nelling aus dem Seitenzimmer.

Nelling.

Ei, Wilhelm! Traue ich meinen Augen, Du bist
es? Hätte ich das gewußt; der Esel von einem Bedien=
ten bestellt keinen Namen ordentlich. Wo kommst Du
denn her?

Born.

Ein eiliges Regierungsgeschäft — ich muß schon
Abends wieder zurück.

Nelling.

War denn nicht auch mein Schwiegervater hier?

Born.

Der Kammerrath — ja — er hatte nicht Zeit Dich
zu erwarten, er —

Nelling.

Nun was sagst Du denn zu meiner Heirath? Es ist
zuletzt schnell damit gegangen. Mariane ist nicht mehr
ganz so frisch wie damals, aber das sanfte, schmachtende
Wesen steht ihr jetzt sehr piquant.

Born (unwillig).

Ist denn Deiner leichtfertigen Zunge gar nichts heilig?

Nelling (sieht ihn einen Augenblick an).

Lieber Sohn, ich habe heut noch einen Trauungs=
sermon auszuhalten, verschone Du mich, wenn ich bitten
darf.

Born.

Du wirst mich dennoch hören müssen. So eben habe ich erst von Deiner Hochzeit Kunde erhalten, und Du siehst mich noch so erschüttert und verwirrt davon, daß ich nicht weiß, wie ich zu Dir reden soll; aber alle menschliche Empfindung rufe ich in Dir auf: entsage Marianen!

Nelling.

Bist Du toll?

Born.

Ich beschwöre Dich um Deines eignen Friedens willen, tritt zurück! Du reißest zwei Herzen von einander, die nur ein kurzer Irrthum getrennt. Mariane liebt mich, ich weiß es ja, sie muß mich noch lieben! — Doch was sage ich Dir das? — ach, der Kopf vergeht mir, ich weiß nicht, was ich rede.

Nelling.

Ja, höre, das kommt mir auch so vor! Es thut mir leid um Dich, aber wenn Du immer noch Absichten auf Marianen hegtest, warum hast Du sie nicht betrieben? Doch so seyd Ihr überschwänglichen Leute. Ihr lebt immer im siebenten Himmel, während man Euch indessen auf Erden die besten Bissen wegschnappt. Jetzt kommst Du zu spät.

Born.

Nelling, Du weißt, daß Du nur ihrer bedrängten Lage, der Bekümme niß ihrer Eltern die Zusage verdankst,

Du haſt ihnen ein Loos vorgeſpiegelt, das bei Deiner
Speculationswuth völlig trügeriſch iſt; läugne nicht, es
kann nicht anders ſeyn. Mariane liebt Dich nicht, wird
Dich niemals lieben, und dennoch wollteſt Du ſie an
Dich reißen? den Frieden ihrer Seele untergraben, ein
frevelhaftes Spiel mit dem Sacramente treiben und Du
hoffſt, daß Dir das zum Glück ausſchlagen könne?

Nelling (verdrießlich).

Ei das iſt meine Sache! Was machſt Du Dir denn
für Sorgen um mein Glück?

Born.

Kannſt Du es wagen, in dem Bewußtſeyn Deines
wüſten Lebens, die Hand nach dieſem Engel auszuſtrecken?

Nelling (erhitzt).

Du wirſt impertinent! Nicht wahr, Deiner Vortreff=
lichkeit iſt ſie allein würdig? Denkſt Du etwa die In=
discretion ſo weit zu treiben, daß Du Marianen —?

Born (heftig).

Alles, alles ſetze ich daran, Marianen von Dir zu
trennen!

Nelling.

Und mit welchem Rechte, Unſinniger! Mit welchem
Rechte?

Born.

Noch trage ich Marianens Ring am Finger, ſie hat
den meinigen mir nicht zurückgegeben, unſer Verhältniß
iſt noch nicht förmlich aufgelöſt.

Nelling.

Und mit diesem albernen Anspruche hoffst Du —

Born.

Deine Trauung heut zu verhindern und Zeit zu ge=
winnen, Marianens Sinn zu wenden.

Nelling (decidirt).

Dafür wird gesorgt seyn. In wenig Stunden sind
wir getraut und bis dahin, rechne darauf, findest Du
mich überall im Wege und wehe Dir, wenn Deine unver=
schämten Anmaßungen mich auf's Aeußerste treiben,!.

Born.

Du schüchterst mich nicht ein. Wenn es Dir gelingt,
mir dort den Zutritt zu wehren, so trete ich in der Kirche,
am Altare zwischen Euch!

Nelling.

Einen solchen öffentlichen Scandal könntest Du — ?

Born.

Sollte ich das Aufsehen scheuen, wo es die Rettung
des Theuersten und Heiligsten gilt, was die Erde für mich
hat? Nimm denn Deine Maaßregeln, wir sind im offe=
nen Kriege, ich setze Alles daran, der Tugend, dem Recht
und der Liebe den Sieg zu schaffen! (Will ab.)

Nelling (steht einen Augenblick unschlüssig, dann ruft er).

Born! Wilhelm! höre mich, sey kein Thor! (Führt
ihn bei der Hand wieder vor.) Ihr weisen Leute verliert immer
am ehesten den Kopf. Komm, komm, ich muß den Ver=
stand für Dich haben. — Du thust mir leid, ich sage

12*

Dir es ja, aber das stehst Du doch ein, daß ich heut am Hochzeittage meinen Platz nicht räumen werde und daß Du mit all' Deinen Declamationen auch eigentlich nichts ausrichten kannst.

Born (will sich losmachen)

Laß mich's versuchen —

Nelling.

Zum Henker nein! sey vernünftig und mach' keinen nutzlosen Scandal. Kommst Du nur hieher, um einem alten Schulkameraden den Hochzeittag zu versauern?

Born.

Ich habe Dir nichts mehr zu sagen, — aber Du erinnerst mich, weßhalb ich eigentlich kam. In Leipzig wurden mir zwei Briefe anvertraut, die Dir von Wichtigkeit seyn sollen. (Er greift in die Brusttasche) Hier ist der eine.

Nelling (gezwungen scherzend).

Nun endlich kommt einmal etwas Solides; Du bist doch ein curioser Kauz! (Er giebt ihm einen freundlichen Schlag gegen die Schulter.)

Born.

Verschone mich mit Deinem Scherzen und nimm hier den andern Brief. (Er sucht in seinem Taschenbuche.)

Nelling (erbricht den ersten Brief).

Born.

Der Banquier Sello berechnete, daß Du ihn durch mich schneller als durch die Post erhalten würdest, ich

fürchte, er enthält nichts Erfreuliches. — Doch mir
scheint: schon der erste hat Dir Unangenehmes gebracht.

Nelling.

Vermaledeit! Auch gleich um 4 pro Cent herunter —
bei dieser Summe, die ich gewagt — das ist eine furcht=
bare Schlappe — und gerade in dieser Krisis. (Wirft den
Brief heftig zur Erde, und tritt ihn mit dem Fuße) Des Teufels
möchte man werden!

Born.

Du hast wohl einen großen Verlust?

Nelling.

Pah! (Reibt sich die Stirne.) Es wird sich ein Mittel
finden lassen — doch gieb den andern Brief. (Er reißt
ihn auf.)

Born.

Diesen bezeichnete mir Sello gerade als den wich=
tigsten.

Nelling (hat nach der Unterschrift gesehen, schöpft Athem).

Aha! — (Plötzlich bestürzt) Aber kein Wechsel darin? —
Hat man Dir keine Wechsel gegeben?

Born.

Nichts als die Briefe habe ich empfangen.

Nelling (lesend).

Raimund u. Comp. — insolvent erklärt. (Fährt sich mit
der Hand in's Haar) Donner und —! Die Tratten prote=
stirt! (Die Arme sinken ihm herab, — tonlos) Ich bin ver=
loren!

Born.

Mein Gott, sind die Nachrichten so schlimm?

Nelling (geht umher, die Hände konvulsivisch pressend).

Gerade jetzt, wo Alles auf dem Spiele stand, diese beiden Schläge auf einmal, — und morgen soll ich zah=len — Es ist zu arg! es ist zu arg!

Born.

Kann ich Dir nicht helfen?

Nelling (losbrechend).

Schaff' mich an Bord eines Schiffes, das mit fri=schem Nordost nach Amerika segelt, — kannst Du das?

Born.

Wie, Du willst wie ein Schelm davon gehen?

Nelling.

Soll ich mir, wie ein Narr, eine Kugel durch den Kopf jagen?

Born.

Besinne Dich! — Es giebt vielleicht noch ein Mit=tel, wenn Du Deinen Credit benuzest, Deine Handels=freunde zu Rathe zögest —.

Nelling.

Ist nichts, Alles nichts!

Born.

Vielleicht könnte ich Dir helfen?

Nelling (sieht ihn groß an — bleibt stehen).
Du?

Born.

Meine kleine Erbschaft —

Nelling.

Pah, ein Tropfen auf einem heißen Stein! (Er geht wieder umher.)

Born.

Laß mich etwas für Dich thun. Du verlierst ja heut mehr als Dein Vermögen, denn ich bin gewiß, daß Du nun Mariane aufgeben, daß Du sie nicht mit in Dein Unglück ziehen wirst.

Nelling.

Freilich, sie wäre garstig angeführt, und die Eltern besonders — (trotzig) aber zum Teufel! Alles auf einen Schlag zu verlieren? Noch nicht, noch gebe ich sie nicht auf!

Born.

Wie? das Deine Liebe zu Marianen? — Jetzt giebst Du mir ein vollgültiges Recht, Dir gegenüber zu treten.

Nelling.

Ruhig, ruhig! Mach' mir den Kopf nicht toll, ich mein' es nicht so schlimm; ich werde ja sehen, wie sich auch diese Sache ausgleichen läßt. (Für sich) Ich werde kein Narr seyn, mir jetzt Frau und Schwiegereltern aufzuladen.

Born.

Handle redlich, jetzt, wo Redlichkeit allein Dich in der Achtung aufrecht halten kann.

Nelling (murmelt).

Pah, es ist mir auch darum!

Born.

Laß' Dein Unglück Dich belehren, fange ein ganz neues Leben an.

Nelling (sieht ihn an).

Der Rath ist gut, (entschlossen) das will ich! —

Born.

Trage allein die Folgen Deiner Speculationswuth, die ich Dir längst vorausgesagt.

Nelling.

Sie kommen Dir aber sehr gelegen, Du denkst nun bei meinem embrouillement im Trüben zu fischen.

Born.

Denkst Du so unwürdig von mir? Gieb mir Gelegen=heit, Dir zu helfen, Du sollst mich nicht säumig finden.

Nelling (sich ruhig stellend).

Sieh, das ganze Unglück ist im Grunde nicht so groß — je mehr ich es überdenke. — Ein paar tausend Thaler, die morgen fällig sind, setzen mich eigentlich nur in Verlegenheit, ließen sich diese decken —

Born.

So könntest Du Dich ehrlich aufrecht halten?

Nelling.

Gewiß, gewiß! (Simulirend) Ich müßte nur sogleich selbst nach Leipzig und sehen, was dort zu retten ist.

Born.

Stelle mir nur einige Sicherheit und ich helfe mit Freuden aus.

Nelling (höhnisch).

Sicherheit, wenn ich Sicherheit bieten könnte, so — jedoch, wer weiß? — Etwas Aehnliches — Dienst für Gegendienst, ein Jeder gewährt dem Andern, woran ihm am Meisten gelegen ist. Bist Du damit zufrieden?

Born.

Verstehe ich Dich?

Nelling.

Ich dächte, das wäre nicht schwer!

Born.

Du setzest Mariane zum Preise meiner Geldhülfe?

Nelling.

Bah, bah, zum Preise! Du treibst die Sache auf die Spitze. Deine Liebesnoth und Deine vernünftigen, freundschaftlichen Vorstellungen bewegen mich, auf Mariane in aller Form zu renonciren, meine Verlegenheit bewegt Dich, mir Geld zu leihen, das ist die Sache; ist da nicht pure Großmuth und Tugend von beiden Seiten?

Born (bitter).

Ganz recht, ich bin ein thörichtes Kind!

Nelling.

Das kann wohl seyn. Ist Dir aber ein treues Herz vielleicht nicht Goldes werth —?

Born (fährt auf).

Begleite mich auf der Stelle, mein ganzes Erbtheil lege ich in Deine Hand!

Nelling.

Nicht doch, ich werde Deinen Enthusiasmus nicht mißbrauchen. Allons donc! (Er geht rasch zum Schreibpulte, nimmt einige Papiere, ein Taschenbuch u. s. w. heraus, steckt Alles haftig ein, für sich.) Diese Reise nach Leipzig könnte sich etwas lang strecken. (Knöpft den Rock zu.) Daß ich mich aus dieser Klemme noch mit avance ziehen würde, hätte ich auch nicht gedacht. (Setzt den Hut auf, triumphirend zu Born) Siehst Du nun wohl, daß für einen gewandten Kopf keine Verlegenheit unüberwindlich ist?

Born.

Recht, ich vergaß, daß man auch auf Menschenleben speculiren kann!

Nelling.

Ist es doch so gewöhnlich, ein Mädchen des Geldes wegen zu heirathen, warum soll man nicht eins aufgeben des Geldes wegen? Gieb Acht, mein Glück bekömmt wieder einen neuen Schwung, Dein Darlehn zähle ich Dir noch mit 100 pro Cent zurück; wer weiß, ob nicht von heut' an eine ganz neue unerhörte Glanz-Epoche meines Lebens datirt?

Born.

Gott gebe, daß es Dir zum Besten ausschlägt! (Fast

Nelling.

An's Geschäft denn, en avant!   zugleich.)

(Beide ab.)

Berwandlung.
(Das Zimmer des vierten Akts.)

Vierter Auftritt.

Mariane, im Brautstaate, doch ohne Kranz, tritt bleich und verstört aus dem Nebenzimmer.

Was hab' ich gethan? Was habe ich gethan? Erst heut fällt das volle Gewicht des Frevels, den ich an mir selbst begehen will, auf meine Seele. Mit dem ungeliebten Manne zum Altare treten, das heißgeliebte Bild eines Andern im Herzen! wird dieser Frevel an der Weiblichkeit, wird diese Lüge vor Gottes Angesicht denn geringer, weil ich um meiner Eltern willen sie begehe? — Und soll ich mich nun weigern? das Maaß des Aergernisses überfüllen, meinen Eltern den Todesstoß versetzen —? Nein, nein! — Zurück und vorwärts schaudre ich den Fuß zu setzen, verstrickt in meines Irrthums Schlingen, muß ich mich ganz und gar verloren geben! O meine Eltern! meine Eltern! (Sie wirft sich auf das Sopha, bedeckt ihr Gesicht mit den Händen.)

Fünfter Auftritt.

Mariane. Die **Kammerräthin**, festlich gekleidet, eine Schachtel in der Hand.

Kammerräthin.

Nun, mein Kind, jetzt bist Du wieder hier? — Du hast ja heute nirgend Ruhe! (Sie setzt die Schachtel auf den Tisch, bemerkt Marianens Zustand, tritt zögernd zu ihr.) Liebe Mariane, mein gutes Kind, rege Dich nicht so auf!

Mariane (reißt sich auf).

Nein, Mutter, nein, ich bin ja gefaßt; habe Geduld mit mir! Du weißt, Brautthränen vergehen bald!

Kammerräthin.

Du machst mir heut' recht schwere Sorge, Kind! —

Mariane (geht nach der andern Seite).

Nicht doch, nicht doch, mein Mütterchen, ich will Dich ja heute aller Sorge überheben.

Kammerräthin.

Du schienst mir ganz ruhig seit Du Dich entschlos=sen hattest, und ich habe noch heute früh Gott gebeten, daß er Dir diese Ruhe endlich bewahren möchte.

Mariane (ausbrechend).

Hast Du, Mutter? Hast Du den allbarmherzigen Gott gebeten, daß er Dein armes Kind noch heute zur Ruhe bringt? (Sie wirft sich laut weinend an der Mutter Brust.)

Kammerräthin (ebenfalls weinend).

Mein liebes, einziges Kind, ängstige mich doch nicht gar zu sehr!

Mariane (sich sammelnd).

Vergieb mir, vergieb, ich weiß nicht, was ich rede!

Kammerräthin.

Hier setze Dich! (Sie läßt Marianen links an ihrem Arbeits= tische niedersitzen.) Ein Hochzeittag hat immer Trennung= schmerzen, aber wir bleiben ja beisammen.

Mariane.

Ja, meine gute Mutter, wir bleiben beisammen, Du sollst noch heitere, schöne Tage leben!

Kammerräthin.

Wie Du verweint bist, Deine Locken wieder zerdrückt, wart', ich bringe sie in Ordnung, und — dann ist's auch Zeit, den Kranz aufzusetzen. (Sie nimmt den Braut= kranz aus der Schachtel.)

Mariane (schlägt die Hände vor die Augen — leise).
Mein Kranz! Mein Kranz!

Kammerräthin.

Sieh nur, wie schön er gewunden ist! (Sie giebt ihn Marianen.) Wart', ich hole den Schleier auch! (Sie geht in's Nebenzimmer.)

Mariane (betrachtet den Kranz).

Du schönes, grünes Blüthenreis, geheimnißvoller Kranz, der du das jungfräuliche Leben krönst, um auf der Stirn der liebeglühenden Braut in duftige Rosenpracht dich zu verwandeln, verdorrst du nicht in meiner Hand, die dich entweihen will?

Kammerräthin (ist mit dem Schleier zurückgekommen — sanft). Nun gieb, Du zerdrückst ihn, Marianchen, gieb her! (Sie hält zaudernd den Kranz in der Hand.) Ich dachte im= mer, ein Mutterherz müßte vor Wonne überfließen, wenn sie dem einzigen Kinde den Brautkranz aufsetzt, nun zit= tert meine Hand und eine Thräne nach der andern fällt in den Kranz; ich kann's nicht hindern, und doch be= deutet's meinem Kinde schweren Kummer!

Mariane (hält die Hände gefaltet zwischen ihre Kniee).

Sey ruhig, Mutter, die guten wie die bösen Stunden

stehen in Gottes Hand; wer Thränen säet, wird Freuden
erndten!

Kammerräthin (im Begriff, ihr den Kranz aufzusetzen).

Nein! nein, ich kann es nicht! mir ist, als drückt'
ich meinem einzigen lieben Kinde die Dornenkrone auf die
Stirne! (Sie wendet sich heftig weinend ab.)

Mariane (schlägt die Hände vor die Augen und lehnt sich
erschüttert zurück).

Sechster Auftritt.

Vorige. Kammerrath.

Kammerrath (tritt ein, betrachtet Beide — gepreßt).
Nun, was macht Ihr?

Kammerräthin.

Sieh nur Marianen an!

Kammerrath (tritt zu Marianen).

Mein liebes Kind, wie ist Dir denn?

Mariane (faßt sich).

Gut, Vater, gut, sprich nur der Mutter zu, sie giebt
sich allzusehr dem Kummer hin!

Kammerrath (gepreßt).

Mariane! — Mein Kind, wenn Dein Entschluß eine
großmüthige Uebereilung war, Du ihn für Dein Unglück
hältst — gerechter Gott, eher wollte ich ja darben, als
durch Dein Unglück in der größten Herrlichkeit leben

Mariane.

Nein, Vater, nein, es hat so kommen müssen!

Kammerrath.

Uns kannst Du es doch nicht zurechnen. Bedenke, daß es Dein eigener, freier Wille gewesen ist.

Kammeräthin (tritt hinzu).

Ja, mein Kind, wir sind doch nicht Schuld? Haben wir nicht Zeit Deines Lebens immer nur an Dein Glück gedacht? Haben wir nicht Alles gethan, was wir Dir nur an den Augen absehen konnten?

Mariane (richtet sich auf — in die tiefsten Schmerzenslaute ausbrechend).

Mutter! Mutter! ich wollte, Ihr hättet mich mit Hunger und Schlägen erzogen, hättet mich zu De= muth und Gehorsam gezwungen, so stünden wir heut nicht in Reuethränen uns gegenüber. — Vergebt, ver= gebt mir meine harten Worte, aber meine Kraft ist hin und die Verzweiflung schreit aus meiner Seele! (Sie schlägt die Hände über den Kopf zusammen.) Ich bin ja ein elen= des, verlornes Geschöpf, zu Eurer und zu meiner Qual geboren! Verwünschen muß ich meine Schönheit, meine Jugend, verwünschen Alles, was je mein eitles Herz be= thört und mich nun in den Abgrund des Verderbens nie= derstürzt! (Sie wankt bei den Eltern vorüber, fällt vor dem Sopha nieder, in dessen Polster sie ihr Gesicht verbirgt.)

Kammeräthin (eilt zu ihr).

Mein einzig, liebes Kind!

Kammerrath.

Gott! Gott! — Deine Hand trifft schwer!

Siebenter Auftritt.

Vorige. Das Dienstmädchen. Gleich darauf Born.

Dienstmädchen.

Der Herr Regierungsrath Born!

Kammerräthin (schreit auf).

Born?

Kammerrath (bestürzt)

Gerade jetzt —

(Zugleich.)

Mariane (sich entsetzt aufrichtend).

Wilhelm?

Born (tritt stürmisch ein)

Vergebung, daß ich wage —

Mariane.

Er ist's! (Sinkt ihrer Mutter in die Arme.)

Born (triumphirend).

So wußt' ich, würde ich sie finden, mein Glaube hat
mich nicht getäuscht. Mariane kann sich selbst nicht untreu werden! (mäßiger) Erholen Sie sich, Mariane, richten
Sie sich auf, ich bringe Ihnen den Frieden der Seele
wieder. Nelling entsagt jedem Anspruche auf Ihre Hand,
Sie sind frei!

Kammerrath.

Was sagen Sie?

Mariane (richtet sich bebend auf.)

Frei! Frei? (Stürzt vor Born nieder, umfaßt seine Kniee)
Mein Retter! Mein Erlöser!

Born (hebt sie auf).

Um Gotteswillen, was beginnen Sie?

Kammerräthin (unterstützt Marianen). (Fast zugleich.)

Fasse Dich, erhole Dich, mein Kind!

Kammerrath (zu Born).

Wie ist denn das nur möglich?

Born.

Nelling hat plötzlich große Verluste erlitten, er hofft sich vom Bankerutt zu retten; aber da sein Glückstand vernichtet ist, giebt er Marianen ihr Wort zurück.

Mariane (frappirt).

Das thut er?

Kammerrath.

Ein neues Unglück! Ich muß hin, muß ihn sprechen!

Born.

Sie finden ihn nicht, er ist schon auf der Reise, um seine Angelegenheiten zu ordnen. — Mariane, des Him= mels Fügung hat mich hieher gesandt, Sie zu befreien; kann seine Stimme wohl deutlicher zu uns sprechen?

Mariane (beängstigt).

Ich bin ja nicht frei; ich darf Nellings Entsagung nicht annehmen.

Born.

Sie dürfen es —

Mariane.

Ich habe mich im Glück ihm zugesagt, verächtlich wäre ich, wenn ich im Unglück ihn verließe.

Kammerrath.

Liebe Tochter —

Kammerräthin.
(Zugleich.)

Mariane, bedenke —

Mariane.

Ich darf, ich darf es nicht!

Born.

Nun denn, so kann ich ihn nicht länger schonen! — lesen Sie dies Blatt, und entscheiden Sie, ob Sie noch ein Band an ihn fesselt.

Mariane (hat gelesen).

Verkauft!

Kammerrath.

Was ist's?

Kammerräthin (nimmt das Blatt).
(Zugleich.)

Laß seh'n!

Mariane (weinend).

Das ist das Ende meines Freiheittaumels: wie eine Negersclavin verkauft!

Kammerrath.

Abscheulich!

Kammerräthin.
(Zugleich.)

Unerhört!

Mariane (zu Born).

So hat sich denn Deine Herrschaft über mich vollendet, so fehlt denn nichts mehr, um mich ganz vor Dir zu demüthigen.

Born.

Wie?

Mariane.

Das Unheil hat mich verfolgt von der Stunde an, da ich mich von Dir losgerissen, und aus dem Abgrunde der Verirrungen reißt mich wieder Deine Hand. Ja, wisse Alles, Alles, stolzer Mann, wisse, daß ich Dich liebe, seit unsrer Trennung mit steigender Gewalt!

Born (ergreift ihre Hand).

Mariane!

Mariane.

Bei allen Thorheiten, in die ich mich gestürzt, bei allem Unglück, das ich erfahren, hat sich Dein Bild nur tiefer in mein Herz gesenkt; ich habe Dich gehaßt, weil ich die Liebe nicht bezwingen konnte. In thränenvollen Nächten hat mein Stolz mit mir gerungen und dennoch nicht den heißen Wunsch erstickt, nur einmal, einmal meine Reue an Deinem Herzen auszuweinen.

Born (über ihre Hand gebeugt).

Hör' auf, hör' auf, Mariane, mich erdrückt die Seligkeit!

Mariane (beugt sich über ihn).

Bringe dies Geständniß dem Mädchen Deiner neuen Liebe, rühme Dich, daß Du das stolzeste Mädchenherz bezwungen, nein, unterjocht hast, — sage ihr — daß sie um meinetwillen Dich heißer lieben solle.

Born.

Was schwärmst Du, Mariane? Nie hab' ich einer neuen Liebe Raum gegeben, Dein bin ich, Dein mit jeglichem Gedanken.

Mariane (richtet sich neu belebt auf).

Wilhelm! Du könntest mich noch lieben? die Thörin, die unwürdige —

Born.

O still, still! Haben wir nicht Alle schwer geirrt und wolltest Du allein die Buße auf Dich nehmen? Du bist geläutert in dem Flammenbade tiefster Schmerzen! Mariane, willst Du nun die Meine seyn?

Mariane.

Ob ich es will? Hab' ich noch einen Willen gegen Dich? Nimm mich denn hin, nimm Dein glückseliges Geschöpf, erziehe mich zu einem neuen Leben! (Sie wirft sich an seine Brust.)

Der Fabrikant.

Schauspiel in drei Aufzügen.

Nach Henry Hamelin von Emile Souvestre für
die deutsche Bühne bearbeitet.

1839.

Personen.

Havelin, Fabrikant.

Eugenie, seine Frau.

Cantal, Kaufmann, ihr Onkel.

Lambert, Maler.

Baudoin, Buchhalter

Franz,

Luise,

} in Havelins Diensten.

Erster Akt.

Erster Auftritt.

Ein Salon mit Mittel= und Seitenthüren. Links im Vorgrunde ein Fenster, in dessen Nähe ein Tisch, rechts eine Chaise longue am Kamin. Im Hintergrunde ein zum Frühstück servirter Tisch. Luise ist beschäftigt die Couverts zu legen. Franz tritt ein.

Franz.

Aha! Nun ja, ich dachte mirs wohl, daß ich die Mamsell im Salon finden würde.

Luise.

Wirklich?

Franz.

Man weiß, daß Herr Lambert hier zeichnet — man trifft sich dann —

Luise.

Wohl möglich.

Franz.

Wohl möglich? Das ist ja prächtig! Und ich bin dann wohl sehr im Wege?

Luise.

Wohl möglich.

Franz.

Auch möglich? So bleibe ich gerade hier, nun erst recht. Siehst Du, hier sitze ich.

Luise.

Meinetwegen.

Franz.

Nun freilich Deinetwegen, Du gleichgültige Person! Ist das eine Art mit einem respectablen Menschen umzugehen, der die solidesten Absichten hat? Giebt es etwa von meiner Sorte so Viele?

Luise.

Gott sei Dank! nein.

Franz.

Ah, Mamsell wird spitzfindig. Mamsell ist wohl zu vornehm geworden seit dieser Herr Lambert hier ist? Mamsell bildet sich wohl ein, er werde sie heirathen?

Luise.

Geh schäme Dich Franz, Du bist jalour.

Franz.

Nein ich schäme mich nicht, und ich bin jalour, recht grimmig jalour bin ich. Warum bleibt Herr Lambert immer noch hier? Er wollte doch schon vor 14 Tagen reisen. Was hat ein Maler in einer Baumwollenfabrik zu suchen? he? Ich frage was thut er in unsrer Spinnerei, wenn er nicht Liebschaften spinnt?

Luise.

Du bist ein rechter Verläumder! Weißt Du nicht, daß unser Herr sein Vetter ist? Und kann ein Vetter nicht bei seinem Vetter so lange zum Besuche bleiben, als es ihm beliebt? Und weißt Du nicht daß er unwohl ist und darum nicht abreisen konnte?

Franz.

Ah so, und darum gehst Du wohl auch zehnmal des Tages unter allerlei Vorwänden zu ihm auf's Zimmer; Du willst ihn wohl curiren?

Luise.

Du Unverschämter! Muß ich nicht für Madame Bücher und Musikalien hin und wieder tragen?

Franz.

O ja, ein Gewerbe weißt Du Dir schon zu machen.

Luise.

Und Du weißt Alles bös auszulegen.

Franz.

Ah! Ich soll wohl die Augen zudrücken?

Luise (heftig).

So mach' sie weit auf und sieh', daß Du ein Narr und ein böser Mensch bist, von dem ich gar nichts mehr wissen will.

Franz.

Nur sachte! Sachte!

Luise.

So einen Mann sollte ich nehmen? der Alles aus-spionirt und die Menschen anschwärzt?

Franz.

Aber —

Luife.

Aus ift's mit uns, aus ganz und gar! Unterfteh'
Dich nicht mehr mit mir vom Heirathen zu reden, ich
will Dich nicht, ich mag Dich nicht, und nun weißt
Du's! (ab.)

Franz.

Aber Luife! — Luife! — Sie hat ein böses Gewif=
fen, d'rum war fie fo giftig. O fie hat ein böfes Gewif=
fen, ich feh' es ganz deutlich, aber wart' nur, ich paffe
Dir auf.

——————

Zweiter Auftritt.

Baudoin. Franz.

Baudoin.

Haft Du den Herrn fchon gefehn, Franz?

Franz.

Noch nicht, Herr Baudoin. Aber Luife habe ich —

Baudoin.

Schläft er denn noch?

Franz.

Ah was, fchlafen, er ift ja alle Morgen vor drei
Uhr fchon auf.

Baudoin.

Der Herr?

Franz (heimlich).

Ich foll's nicht fagen, damit es Madame nicht er=

fährt, aber Sie Herr Baudoin, Sie dürfen es schon
wissen. Es sind wohl schon einige Wochen, daß er sich
vor Tagesanbruch aus dem Schlafzimmer in sein Kabinet schleicht und arbeitet. Mir ist das unbegreiflich, wie
so ein reicher Mann, für den sich tausend Hände bewegen, selbst so erpicht auf's Arbeiten seyn kann. Ich, sehn
Sie, ich bin doch nur ein Dienstbote, aber ich arbeite so
wenig als möglich. Und vor Tage aufstehn? ja das sollte
mir fehlen.

Baudoin.
Ist denn der Onkel von Madame — Herr Cantal —

Franz.
O der schläft. Ja der schläft was er nur kann. Er
ist auch gestern spät erst angekommen, er muß wohl
müde seyn. — Das ist einmal ein braver Mann! —
Alle Jahre, wenn er uns besucht und seine Bestellungen
in der Fabrik macht, sagt er, so wie er mich sieht: Nun
Franz, mein Junge, noch immer der alte Einfaltspinsel?
— Immer noch, immer noch, Herr Cantal, sage ich
dann, und dann lachen wir beide. — Ja wir haben
manchen Spaß miteinander. Und was mich am meisten
freut, Herrn Lambert, den blassen Maler, den kann er
auch nicht leiden.

Baudoin.
Woher weißt Du denn das?

Franz.
Oh, das kann man wohl sehen. Schon im vorigen

Jahre, als sie sich hier trafen, disputirten sie immer mit
einander. Und gestern Abend, kaum hatten sie sich ge=
sehen, ging's schon wieder los; und Herr Cantal schielte
immer so seitwärts nach ihm, als wollte er ihm was ab=
lauern.

Baudoin.

Ei so schwaße Du und —! Lauf ins Dorf hinunter,
sieh ob die Briefe angekommen sind.

Franz.

Schön Herr Baudoin. (ab.)

Baudoin.

Der arme Herr! Tag und Nacht Sorge und Arbeit,
und keine Aussicht den Ruin abzuwenden. In wenigen
Wochen wird es alle Welt wissen und die schöne Fabrik
ihm nicht mehr gehören. — Da ist er.

Dritter Auftritt.

Baudoin. Havelin.

Havelin (ein Papier haltend).

Das ist es! — So muß es gehn!

Baudoin.

Herr Havelin —

Havelin.

Ach Sie sind es, Baudoin.

Baudoin.

Ich bringe die Inventur der Spinnerei.

Havelin (zerstreut).

So? — Schön, schön!

Bauboin.

Wenn alle Passiva gedeckt sind, bleiben Ihnen die 20,000 Franks auf Durand et Comp.

Havelin.

Die sind also mein — die kann ich wagen? — Ich danke Ihnen, Bauboin, vielleicht rette ich mich damit.

Bauboin.

Wie das?

Havelin.

Mein alter Freund, Sie kennen meine Lage wie ich selbst. Sie wissen, daß ich seit zwei Jahren vergeblich gegen die auswärtige Concurrenz kämpfe. Ich sah ein, wir konnten uns nicht halten, wenn es nicht gelänge, durch eine Veränderung unsrer Maschinen wohlfeiler zu produciren.

Bauboin.

Nun?

Havelin.

Nun, dies Problem hat mir so lange im Sinne ge-legen, ich habe immer die Lösung nicht finden können. Ich kann Ihnen nicht sagen, was ich dabei gelitten habe. In diesen letzten Nächten zumal; in wahrer Fieberangst habe ich sie verbracht. — Die Zeit verfloß, jeder Stun-benschlag brachte mich dem Ruin näher, endlich — vor wenig Stunden — ich war allein in meinem Kabinet,

alles todtenſtill, hier ſchlief mein Weib, dort meine Kin=
der, ich hörte ihre ſüßen ſtillen Athemzüge, und wachte
ſo allein mit meinen Sorgen um ſie; das Herz war mir
recht ſchwer. Da — ich weiß nicht, war es eine Einge=
bung meiner Zärtlichkeit für meine Lieben — aber die
Entdeckung, der ich ſeit ſechs Monaten nachjage, plötz=
lich ſtand ſie klar vor meinem Geiſt. Da iſt ſie —

Baudoin.

Gott ſey Dank, ſo iſt ja nichts verloren.

Havelin.

Keine übereilten Hoffnungen, mein Freund! Selbſt
wenn ich mich nicht täuſche, wenn meine Maſchinen
alles leiſten, was ich wünſche — ſo gehört zu ihrer Ein=
richtung doch ein bedeutendes Capital.

Baudoin.

Ei das würde ſich finden laſſen. — Wenn Sie z. B.
mit Herrn Cantal ſprächen?

Havelin.

Daran habe ich längſt gedacht, ich wollte ihm eine
Aſſociation anbieten, die vielleicht in der Folge ſehr vor=
theilhaft geworden wäre, aber er hat mir geſtern bei ſei=
ner Ankunft geſagt, daß er ſein Geſchäft gänzlich aufge=
geben habe und ſein ganzes Vermögen auf ein Landgut
anlegen wolle, deſſen Kauf ſo gut wie abgeſchloſſen iſt.

Baudoin.

Ah!

Havelin.

Er verspricht sich so viel Freude von der ländlichen Ruhe für seine alten Tage, ist so glücklich, der Geschäfte los zu seyn, daß ich ihn unmöglich um meines Vortheils willen veranlassen kann, all' diesen Plänen zu entsagen.

Baudoin.

Freilich, freilich!

Havelin.

Aber diese 20,000 Franken auf Durand kann ich wagen, sie sind mein und genügen wohl für den ersten Versuch. Gelingt er, so finde ich Capitalien —

Baudoin.

Wenn Durand nur zahlt.

Havelin.

Ja da liegt's. — Doch die heutige Post entscheidet mein Loos. Wird die Tratte protestirt, so fahre ich nach Rouen und deklarire mich meinen Gläubigern. Glücklicherweise kann ich noch allen Forderungen gerecht werden. Es ist ein harter Schlag. Meine Kinder — meine Frau, die im Ueberflusse aufgewachsen, wie soll sie — doch ich bin noch jung, ich werde von vorne anfangen mit einem Capitale, das langsame, aber sichre Zinsen bringt, mit gutem Muthe.

Baudoin.

Mein bester Herr Hav —

Havelin (ausweichend).

Laſſen Sie, — laſſen Sie. — Nichts Neues ſeit
geſtern?

Baudoin.

Hier ſind die Wechſel des Herrn Lambert über die
Summe, die er in Paris erhoben hat.

Havelin (die Papiere in der Hand).

Als ich ihm dieſen Vorſchuß leiſtete, zwei Monate
ſind es, da glaubte ich mich noch in der Lage ein Talent
unterſtützen, einen jungen Künſtler ermuthigen zu dürfen, der mit Sorgen und Mißmuth kämpft, und heut —
Es war der letzte Dienſt, den ich ihm leiſten konnte, und
ſo will ich ihn auch ganz thun. (Er zerreißt die Wechſel.)

Baudoin.

Sie haben mir ſonſt nichts aufzutragen?

Havelin.

Nein. — Doch, Baudoin. Sie ſind ein alter Freund
unſres Hauſes, Sie hatten das Vertrauen meines Vaters, wie Sie das meinige beſitzen; ich habe Ihnen nichts
verhehlt, aber beobachten Sie das tiefſte Schweigen.
Nicht ein Wort, hören Sie, beſonders nicht gegen meine
Frau; ich will allein die Ungewißheit bis zu Ende tragen.

Baudoin.

Rechnen Sie auf mich.

Havelin (nimmt ſeine Hand).

Und ſeyn Sie nicht ſo traurig, Ihre Miene ſagt mehr
als Worte. Seyn Sie ruhig wie ich.

Baudoin.

Ich will's versuchen. (ab.)

Havelin.

Warum sollte ich Eugenie beunruhigen, so lange mir noch eine Aussicht auf Rettung bleibt? Die Sorgen des Lebens sind ihr so gänzlich fremd, in einer Welt voll romantischer Vorstellungen träumt sie wie ein glückliches Feenkind dahin, wie wird sie das Erwachen zur rauhen Wirklichkeit ertragen? — Ach wenn ich ihr diese Prüfung ersparen könnte! — Mein Gott, wo bleiben nur die Briefe heut? — Ich sterbe vor Ungeduld. Wenn die Tratte acceptirt wäre, dann könnte ich mich retten. (er sieht in seine Papiere) Meine Berechnung kann nicht trügen. (Er setzt sich an den Tisch zur Linken und prüft die Papiere.)

————

Vierter Auftritt.

Havelin. Eugenie (ein Buch in der Hand, tritt gedankenvoll ein, sie bemerkt Havelin, stutzt, geht dann zu ihm).

Eugenie.

Guten Morgen Heinrich!

Havelin (reicht ihr die Hand).

Guten Morgen. (Er beschäftigt sich weiter mit seinen Papieren.)

Eugenie (für sich).

Immer diese Rechnungen! — (Sie setzt sich traurig auf die Chaise longue.)

Havelin (blickt auf, anfangs zerstreut, dann heftet er das Aug:
auf Eugenie).

Du bist traurig, Eugenie.

Eugenie.

Bemerkst Du es?

Havelin (geht zu ihr).

Es ist wahr, ich sollte mich nicht beschäftigen, wenn
Du da bist. Es ist unrecht. — Sey mir nicht böse.

Eugenie (sanft).

Ach nein, wie könnte ich das!

Havelin.

Fehlt Dir etwas?

Eugenie.

Ach!

Havelin.

Was hast Du denn!

Eugenie.

Ich weiß nicht. Es giebt Tage, an denen die Seele
schmerzlich bewegt ist, ohne daß man weiß warum? Wo
einem alles trübe erscheint, — und wo man recht von
Herzen weinen möchte.

Havelin.

O ja, das sind Stimmungen, denen ein Jeder unter=
worfen ist, Du nur öfter als Andre, weil alles, was
Dich umgiebt, Dir mißfällt. (Eugenie will reden.) O sage
nichts Dich zu vertheidigen, ich klage Dich ja nicht an,
ich will Dir nur zeigen, daß ich Dich verstehe. Aus Dei=

nen Büchern, Deinen romantischen Träumen hast Du
Dir eine ideale Welt geschaffen, deren Zauber dem reiz=
baren Pulsschlage des weiblichen Herzens schmeichelt,
und wenn Du die Wirklichkeit damit vergleichst, scheint
sie Dir auf den ersten Blick farblos, kalt und schaal. Ist
das nicht Deine Krankheit? Sage mir.

Eugenie.

Krankheit nennst Du es, daß mein Herz ein höheres
Bedürfniß hat, als ihm des Tages Einerlei befriedigt?
Ihr Männer kennt das nicht. Euer Leben ist bewegt und
wechselvoll, Ihr unternehmt und wagt, Ihr hofft und
kämpft, und uns soll nun die Eintönigkeit unsrer Häus=
lichkeit genügen. Wir sollen uns nicht nach Abwechse=
lung, nach Aufregung und Beschäftigung sehnen, die uns
empfinden läßt, daß wir leben?

Havelin.

Hast Du denn das nicht Alles im Kreise Deiner
Häuslichkeit, und schöner, reiner, als wir es im beweg=
ten Leben draußen finden? Bringt jeder Tag nicht neue
Freuden, nicht neue Sorgen und Beschäftigungen in den
zarten Beziehungen der Liebe? Werden da nicht täglich
die schönsten Tugenden und Aufopferungen gefordert?
Schätze sie doch nicht gering, weil sie geräuschlos und
bescheiden geübt werden müssen, laß Dich nicht von dem
romantischen Hange nach dem Außerordentlichen so ver=
blenden, darüber das nahe stille Glück zu verschmähen.
Sieh Lambert an. Das Fieber unsrer Zeit hat auch ihn

ergriffen; immer unruhig, mißvergnügt, weil das Leben
seinen ausschweifenden Wünschen nicht entgegen kommt.
Er verliert sich in bittren Klagen, anstatt Zeit und Kräfte
zu nützen, um sich eine Stellung zu erkämpfen, und bei
dem ersten wahrhaften Kummer wird er trotzig das Leben
von sich werfen, wie der Knabe die gefundene Perle, deren Werth er nicht erkennt. O hüte Dich vor dieser
schlimmen Krankheit, die Ansteckung ist so leicht. Glaube
mir, wenn wir nur Kraft, Ausdauer und Geduld ernstlich aufwenden, so können wir die Verwirklichung unsrer
Ideale auch gegen das Leben durchsetzen.

Eugenie.

Ach!

Havelin.

Und was fehlt Dir wohl? Du hast Deine Kinder —
Deinen Mann — das ist Deine Welt. Willst Du mit
Deinen Wünschen in die Weite schweifen, wenn eine Welt
der Liebe Dir so nahe, so herzensnahe ist, daß Du sie
mit Deinen beiden Armen ganz umfassen kannst? Sey
doch glücklich, weil Du geliebt wirst, und liebe uns, damit wir glücklich seyen. Das, das ist Leben! wo willst
Du es anders suchen?

Eugenie.

Du hast Recht, Heinrich, ja ja Du hast Recht.
Sprich nur immer so mit mir, ich will ja gelehrig seyn.
Wenn ich Dich höre, bin ich beruhigt und überzeugt.

Ach warum sehen wir uns nur so wenig? Kannst Du denn nicht immer bei mir seyn?

Havelin.

Wie gerne möcht' ich das, aber Du weißt, unser Vermögen beruht auf unsrer Arbeit.

Eugenie.

Was nützt uns das Vermögen, wenn wir nicht glücklich sind? Ihr Männer seyd so gewinnsüchtig! Nicht wahr Heinrich, Du bleibst heut' bei mir? Nach dem Frühstück gehn wir in den Park, bis zum See hinunter; ich zeige Dir —

Havelin.

Mein liebes Herz, ich kann nicht —

Eugenie.

Und warum nicht?

Havelin.

Ich erwarte Briefe.

Eugenie.

Baudoin ist ja da.

Havelin.

Nein, nein, ich muß sie selbst sehen, ich — Unbegreiflich wie lange die Post heut' ausbleibt!

Eugenie.

Aber Heinrich —

Havelin.

Ich kann nicht, sage ich Dir, heute nicht.

Eugenie (verstimmt).

Heute nicht — und morgen ist wieder solch ein heute
— und das Herz der armen Frau ist immer den Geschäf=
ten nachgesetzt.

Havelin.

Du bist ungerecht.

Eugenie.

Ist es gerecht, daß Du mich auf das häusliche
Glück, auf ein schönes Liebesleben anweisest, und Dich
mir dann entziehst, und mich einsam, immer einsam
lässest?

Havelin.

Eugenie, wenn Du wüßtest was mich beschäftigt,
von welcher Wichtigkeit mir die Briefe sind, die ich er=
warte —. Komm, komm, sey vernünftig. Ich habe nie
an Deinem Herzen gezweifelt, zweifle Du nicht an dem
meinigen. — Keinen Streit — ich bedarf der Ruhe so
sehr. Deine Hand! — Du liebe Thörin! (er küßt sie.)

Fünfter Auftritt.

Die Vorigen. Lambert (ein Pistolenfutteral in der Hand).

Eugenie (macht sich los).

Lambert kommt. —

Havelin.

Guten Morgen Alfred.

Lambert (trocken).

Guten Morgen. (er setzt das Futteral auf den Tisch links.)

Havelin.

Ich höre schon den ganzen Morgen im Gehölz schie-
ßen, ich glaubte Du jagtest; das ist ja seit Kurzem Deine
Leidenschaft.

Lambert.

Es ermüdet doch, macht Lärmen und läßt uns auf
eine Stunde uns selbst vergessen. Es ist viel, sich so eine
Spanne Zeit vertrieben zu haben.

Havelin.

Und kommt denn Dein Bild dabei vorwärts?

Lambert.

Ich werde es nicht fertig machen.

Havelin.

Warum denn nicht?

Lambert.

Wozu streiten, wenn man gewiß ist nicht zu siegen?
Ich bin es müde, Träumen nachzuhängen, die sich nie erfüllen.

Havelin.

Aber Du bestimmtest Deine heilige Genoveva zur
Ausstellung.

Lambert.

Sie kommt nicht hin. Was wird es den müßigen
Gaffern im Louvre ausmachen, ob ein Bild mehr oder
weniger an den Wänden hängt?

Havelin.

So verlierst Du aber die wichtigste Gelegenheit Dein Talent geltend zu machen.

Lambert.

Und wer richtet denn über dies Talent? Ein Paar Journalisten, die von der Redaction bezahlt werden, damit unter den Tagesneuigkeiten auch die Bilderparade nicht fehle. Kunstkenner und Richter aus eigner Machtvollkommenheit, die selbst den Raphael einem ihrer faden Witze opfern würden. — Nein, nein, die Kunst solchen Urtheilen unterwerfen, heißt: sie erniedrigen.

Havelin.

Wenn Du nichts versuchen willst Dich bekannt zu machen, so mußt Du Dich auch bescheiden in der Dunkelheit zu bleiben.

Lambert.

O ich weiß das. In unsern Tagen muß der Künstler seinen Ruhm wie ein Hausirer seine Waaren den Leuten aufdringen; die Zeiten sind nicht mehr, die auch das verborgene Genie erkannten. — Unselig ist, wer nur dem höheren Triebe seines Busens folgt! — Warum war ich nicht so klug wie Du, Heinrich? Anstatt daß ich jetzt ein armseliger unbekannter Maler bin, wäre ich vielleicht Besitzer einer reichen Fabrik, und glücklich wie Du.

Havelin.

Vielleicht hättest Du dann andere Sorgen.

Lambert.

O ja, das Steigen und Fallen der Baumwollenpreise, und die Angst nicht schnell genug ein Millionär zu wer=den. — Aber ich weiß nicht, wozu ich das Alles sage? Leben wir nicht in sogenannten civilisirten Zeiten und unter einer constitutionellen Regierung, deren Hebel das Geld und wieder das Geld ist? Wenn es dem Künstler gar zu übel geht, — nun, Opium ist ja nicht so theuer, und der Fluß fließt auch für Jedermann. (Er setzt sich zum Tische, nimmt seine Mappe. Eugenie sitzt auf der andern Seite bei ihrer Handarbeit, tief erschüttert.)

Havelin (für sich).

O welch ein krankes Gemüth! — Aber die Briefe, wo bleiben die Briefe? — Ach die Ungewißheit ist schlim=mer als das Unglück selbst. (er will fort.)

Eugenie (rasch aufstehend).

Du willst uns verlassen?

Havelin.

Ja — ich komme wieder — Frühstückt Ihr nur einst=weilen, ich werde nachher — (ab in's Kabinet.)

Sechster Auftritt.

Die Vorigen, ohne Havelin.

Eugenie (für sich).

Das ist mein häusliches Glück! (sie setzt sich wieder.)

Lambert.

Heinrich scheint sehr beschäftigt.

Eugenie.

Ja.

Lambert.

Wahrscheinlich eine neue Unternehmung, eine Er=
findung vielleicht. — Die Veränderung eines Rades,
einer Spindel an seinen Maschinen. Das heißt von sei=
nen Fähigkeiten Nutzen ziehen, das heißt leben! So macht
man seinen Weg in der Welt, so erwirbt man Vermö=
gen, Achtung, Berühmtheit selbst.

Eugenie.

Wie trübe und bitter Sie wieder gestimmt sind!

Lambert.

Ich? Keinesweges. Alles das scheint mir ganz in der
Ordnung. Die Welt kann nur die Verdienste belohnen,
die sie versteht. — Ich trübe und bitter? — Warum?
Habe ich den Täuschungen des Glückes nicht entsagt?

Eugenie.

Sie haben keinen Glauben an das Glück?

Lambert (aufstehend).

Es gab eine Zeit, wo ich daran glaubte. Wenn auch
der schöne Traum des Ruhmes sich nie erfüllen sollte, so
zählte ich noch auf die süße Trunkenheit des Herzens, die
Liebe glaubte ich könne über Alles trösten.

Eugenie (schüchtern).

Und nun? —

Lambert.

Nun? — Nun weiß ich, daß ein Mann ohne Ver=
mögen und Auszeichnung einem Weibe umsonst das
ganze Herz voll Zärtlichkeit bieten würde. — Die Un=
glücklichen werden nicht geliebt.

Eugenie (gerührt).

O Sie sind ungerecht.

Lambert (lebhaft).

Glauben Sie!

Eugenie.

Aber ich weiß nicht, wie wir auf dies Gespräch ge=
rathen sind, es macht Sie nur trauriger. Lesen Sie
mir etwas. Da sind Bücher gekommen, ich habe noch
nicht einmal die Titel gesehen. (Sie ist zum Tische gegangen,
nimmt ein Buch) „Die Leiden des jungen Werther." Ken=
nen Sie dies Buch?

Lambert.

O ja. Es ist ein deutscher Roman, von Göthe.

Eugenie.

Kennen Sie den Inhalt?

Lambert.

Die Geschichte eines jungen Mannes, der sich er=
schießt, weil die Frau, die er liebt, einem Andern gehört.

Eugenie.

Ach! — Wir wollen etwas Anderes lesen.

Lambert.

Die Geschichte ist zu gewöhnlich, nicht wahr? Es

ist nichts Neues, daß man zu spät das Wesen findet, in
dem man die andre Hälfte seiner Seele erkennt, daß ein
Andrer, nur glücklicher weil er früher kam, den Schatz
gehoben hat, den man für sich bestimmt weiß. Entsagen
soll man alsdann, verzichten auf alle Lust und Freude
des Daseyns! — Warum nicht gleich auf das Daseyn
selbst?

Eugenie (für sich, erschreckt).

Was sagt er?

Lambert.

Vielleicht hatte das Erkennen der Geliebten neue Le=
benshoffnungen erweckt. Das arme Herz berauscht sich in
dem Klange ihrer Stimme, ihre Nähe macht alle seine
Fibern beben, mit Wonneschauern harrt es der Stunde,
wo die Seelen sich begegnen werden, — und diese Stunde
schlägt nie. Das heißgeliebte Wesen bleibt mitleidslos
und kalt, es will die Qualen nicht verstehen —

Eugenie (unruhig einfallend mit gesenktem Blicke).

Sie schildern die Leiden des jungen Werther. — Ich
weiß nicht, wie die Frau empfand, die er liebte, vielleicht
aber wollte sie ihn nicht verstehn, aus Freundschaft, aus
Schonung für ihn. — Es giebt Geheimnisse, die man
nie errathen darf. Es giebt Verhältnisse, die ein Wort
auf immer trennen muß.

Lambert.

Trennen?

Eugenie.

Aber dies andre Buch — Sie lesen ja nicht.

Lambert.

Ach Eugenie!

Eugenie.

Mein Onkel!

Siebenter Auftritt.

Die Vorigen. Cantal.

Cantal.

Nun? Was habt Ihr denn? — Ihr spracht ja so lebhaft, und nun auf einmal stumm?

Eugenie.

O keinesweges.

Cantal (grüßt Lambert).

Guten Morgen! (bei Seite.) Schon wieder der roman= tische Vetter — einer von den Zerrissenen, die die Welt nicht begreift. — (laut.) Ich wette, Du hast mit dem Frühstück auf mich gewartet, aber ich habe lange ge= schlafen. Dann geht auch das Zimmer, das Du mir ge= geben, auf die Terrasse hinaus, ich konnte mir einen Spaziergang nicht versagen, und habe mich zu weit verlo= ren. Dies Thal ist wirklich ganz herrlich, was für reine Luft — excellent! Wie glücklich seyd Ihr, Kinder, auf dem Lande zu leben! Ich freue mich ganz kindisch darauf,

daß ich Euch bald nicht mehr zu beneiden habe. Hier
muß man ja seine Grundsteuer mit Freuden bezahlen,
man athmet doch für sein Geld, während wir armen
Städter wie die jungen Melonen unter einer Glasglocke
vegetiren. Sollte es die Industrie nicht auch bald dahin
bringen die Atmosphäre portativ zu machen, so daß
man in den Städten Büreaus mit der Ueberschrift fände:
hier ist gute Landluft zu haben? — Was meinst Du? —
Aber was hast Du denn? — Du bist ja so niederge=
schlagen. —

Eugenie.

Ich lieber Onkel?

Cantal.

Ja Du. Ich habe es schon gestern bemerkt, Du bist
traurig. — Nun sage mir nur, was Dir wohl fehlt, um
glücklich zu seyn? Du hast einen Mann, der Dich liebt,
gesunde Kinder, Du müßtest seelenfroh wie die Lerche in
der Luft seyn! — Höre, das sage ich Dir an, so lange
ich hier bin mußt Du vergnügt seyn, ich liebe die Fröh=
lichkeit; das ist freilich gemein, aber es ist gesund. So
eine schwärmerische Traurigkeit ist mir auch schon von
Standeswegen verboten. Ich frage Dich, was würde
man zu einem melancholischen Strumpfwirker sagen?

Eugenie.

O lieber Onkel —

Cantal.

Nun was willst Du? Expedire ich nicht Strumpf=

wirkerarbeit nach allen Erdtheilen? — Ich könnte auch
wie viele Andre sagen, ich sey nicht zu diesem Geschäfte
geboren. Ich habe meine Klassen durchgemacht, einige
meiner Mitschüler sind schöne Geister geworden, und
während ich Strümpfe und Nachtmützen webe, weben sie
Vaudevilles und Melodramen. — Aber sage mir nur,
frühstücken wir denn nicht?

Luise (ist eingetreten, hat eine Flasche Wein auf den servirten Tisch
gestellt).

Cantal.

Ah sieh da, mein Kind, angefaßt! (sie tragen den Tisch
nach der Mitte.) Diese Morgenpromenade hat mir Appetit
gemacht. (Luise ab. Zu Eugenie) Nun mein Töchterchen?

Eugenie.

Ich danke lieber Onkel.

Cantal (zu Lambert).

Wollen Sie nicht Platz nehmen?

Lambert.

Ich danke.

Cantal.

Was? Wird hier nicht mehr gegessen? Was mich be:
trifft, so ist das eine meiner ältesten Gewohnheiten, die
lege ich nicht mehr ab; um so mehr als ich gar keine
Aussicht habe mich von romantischen Fantasieen zu näh:
ren, wie Du Eugenie. (Er setzt sich.) Ja ja, zu Deinen
Schwärmereien habe ich mich niemals finden können.
Ich bin nur eine von den miserablen Bürgerseelen, die

sich verheirathen, sobald sie ihren Militairverpflichtungen genügt haben, dann vierzig Jahre lang arbeiten ohne zu murren, und zuletzt still und geräuschlos, im Rufe eines rechtschaffenen Mannes sterben; mit einem Worte: ein rechter Philister.

Lambert (welcher links am Tische zeichnet, äußert seine Ungeduld).

Eugenie (arbeitet rechts). Cantal (ißt).

Eugenie (nach einer Pause).

Hoffentlich, lieber Onkel, bleiben Sie diesmal etwas länger bei uns?

Cantal.

Ich wollte es, aber ein sonderbares Zusammentreffen in Rouen hat meine Pläne durchkreuzt, und zwingt mich selbst heute noch nach Paris zu reisen.

Eugenie.

Wie so denn?

Cantal.

Als ich bei meinem Notar die Fonds deponirte, welche ich realisirt habe, traf ich eine Cousine, die ich seit 30 Jahren nicht gesehen habe. Eine meiner schönen Tänzerinnen von ehemals.

Eugenie.

Und Sie haben sie wiedererkannt?

Cantal.

Als ich sie nennen hörte, denn ihr Aussehn — das hatte sich ein wenig verändert. Wir haben unsre

Bekanntschaft erneuert und einen Abend mit einander ver=
schwatzt, von unsrer Jugend, unsern Hoffnungen von
ehemals, — ich habe mich zuletzt besonnen, daß ich so=
gar in diese schöne Cousine einstmals verliebt war — als
ich eben aus dem Collége kam. Ihre Mittheilungen aus
der Gegenwart indeß waren nicht so tröstlich.

Eugenie.

Was ist ihr denn begegnet?

Cantal.

Mein Gott, ganz gewöhnliche Unglücksfälle. Zuerst
Wittwentrauer, dann Alter, Armuth, endlich Kummer
über den einzigen Sohn, der sie verlaffen hat, weil seine
Fantasieen ihm lieber waren, als seine Pflichten. Dieser
letzte Schmerz beugte sie am tiefsten und ich habe ihr
versprochen nach Paris zu gehn, und zu versuchen ihr
Wunderkind zur Vernunft zu bringen.

Eugenie.

Wie heißt denn der Sohn?

Cantal.

Louis Arvon.

Lambert.

Arvon?

Eugenie.

Kennen Sie ihn?

Lambert.

Ein junger Dichter.

Cantal.

Ja, einen Dichter nennt er sich. Er hat sein kleines
Amt in Rouen aufgegeben, das ihn und die Mutter
nährte, und die Frau arm, krank und in Verzweiflung
zurückgelassen. Er beschäftigt sich nun in Paris unsre
Zeit und das Leben zu verwünschen, und Verse an die
Vendômesäule und an den Mond zu machen.

Eugenie.

O das ist ein schlechter Sohn!

Cantal.

Ach nein, es ist nur einer von den jungen Leuten,
die sich für große Männer halten, weil sie blaß sind und
lebensmüde, die, ohne sich zu besinnen, daß das erste Kenn-
zeichen des Genies eine erhabene Geduld ist, die Zeit mit
Klagen verbringen, die sie recht schön benutzen könnten,
damit etwas aus ihnen würde.

Lambert (macht eine Bewegung).

Eugenie (bemerkt sie).

Sie urtheilen sehr streng, lieber Onkel.

Lambert.

Nicht doch! Herr Cantal spricht nur die allgemeine
Meinung aus. Ein Dichter, ein Künstler, was haben sie
für ein Recht zu klagen? Wozu dienen denn diese Leute?
Spielereien zu fabriciren, womit die Frauen sich amüsiren,
die aber verständige Männer verachten.

Cantal.

O verzeihen Sie, solche Barbaren sind wir nicht. Ich

weiß auch, was schön und was nützlich ist, und daß hie-
nieden ein Jeder eine verschiedene Aufgabe hat; der
Kaufmann eine unscheinbare, der Künstler eine ruhmvolle,
aber ehrenvoll ist eine jede, die redlich erfüllt wird. —
Indessen glaube ich nicht, daß es hinreicht, sich mit den
schönsten Namen zu schmücken, man muß Beweise liefern,
daß man ihrer würdig ist.

Eugenie.

Sind diese Beweise wohl immer so leicht? Ist das
Zeitalter nicht oft ungerecht? Es giebt doch auch verkannte
Genies.

Cantal.

Verkannte Genies! Was ist das? Erst seit zehn Jahren etwa hört man davon. Sonst war es bekannt, daß
ein Genie trotz aller erdenklichen Hindernisse sich Anerkennung verschaffe. Aber freilich, heut zu Tage giebt es
der großen Männer zu viele, sie überdrängen sich einander und wenn man nicht ernstlich danach sieht, so geht
am Ende die annehmliche Sorte der mittelmäßigen Menschen ganz aus.

Lambert.

O fürchten Sie doch das nicht. Die Mittelmäßigkeit
sich verlieren! Wer würde dann reich, glücklich und mächtig seyn? Wem sollte man dann Aemter, Orden und
Titel geben, wenn die Mittelmäßigkeit aufhörte? Ist sie
es denn nicht, die regiert, und die uns von allen Kün-
sten nur die Rechnenkunst übrig lassen will? Leben wir

15*

nicht in einer kaufmännischen Zeit, wo alles gewogen
und gemessen wird, und wo die Mächtigen einen Tarif
an der Stelle des Herzens haben? Ach, was waren die
alten Meister glücklich, in jenen goldnen Zeiten zu leben,
wo Raphael zum Papste als seines Gleichen stand, und
Petrarca auf dem Kapitole den Kranz empfing!

Cantal.

Und Tasso sieben Jahre lang in ein Irrenhaus ge=
sperrt blieb.

Lambert.

O mein Herr, was schwerer als Ketten drückt, das
ist die Gleichgültigkeit, der Egoismus, die elenden Vor=
urtheile, die allen Aufschwung lähmen, wie ein Joch auf
allen feurigen Gemüthern lasten und den Künstler töd=
ten; nicht nur den, der schreibt, malt oder meißelt,
sondern einen Jeden, der Poesie im Herzen trägt.

Cantal.

Sie sind Künstler, wenn ich fragen darf?

Lambert (verächtlich).

Ja mein Herr.

Eugenie (halblaut).

Liebster Onkel —

Cantal.

Erlaube, mein Kind. — Was ich sagte, bezog sich
nicht auf Herrn Lambert, sondern auf jene Ruhmespa=
siten, die sich für große Männer halten, lediglich weil sie
sich nicht entschließen können, gewöhnliche Menschen zu

ſeyn, die Alles verachten, was nicht eben ſo extravagant
iſt, wie ſie ſelbſt, und uns arme Kaufleute mit einer Ge=
ringſchätzung behandeln, als ob wir nichts thäten, als
uns des Morgens raſiren und unſre Abgaben zu bezah=
len. (Er ſteht auf.)

Lambert (ebenfalls).

Eugenie (tritt lebhaft zwiſchen Beide).

Aber mein Gott! (Lächelnd.) die Männer müſſen doch
immer ſtreiten, ſie mögen ſprechen wovon ſie wollen.

Lambert.

O unterbrechen Sie doch Ihren Herrn Oheim nicht.
Er iſt eine Stimme der Zeit, es iſt lehrreich ſie zu hören.

Cantal.

Ja, die Zeit! — Sie ſoll immer Schuld ſeyn, wenn
man nicht reuſſirt. Ich, mein Herr, habe mehr Ver=
trauen auf die Kraft des menſchlichen Willens. Das
wahre Genie arbeitet, in ſeiner Stärke hat es die Ge=
währ für ſich ſelbſt. Ich glaube nicht an einen höhern
Beruf, der ſich durch Klagen nur verkündigt, und ich bin es
müde, fortwährend unſre Zeit von unzufriedenen Mü=
ßiggängern verläumden zu hören, deren Faulheit am
Ende doch noch unter die Flügel jener verhöhnten Kauf=
leute flüchtet.

Lambert (nimmt ſeinen Hut).

Mein Herr! — (Gemäßigt) Meine Geduld hält gegen
gewiſſe Meinungen noch nicht Probe. Aber ich bin nicht

von denen, die unter die Flügel Jemandes zu flüchten
brauchen — ich werde es beweisen. (will fort.)

Eugenie (ihn aufhaltend, halblaut).

Bleiben Sie!

Achter Auftritt.

Vorige. Baudoin, gleich darauf Havelin.

Baudoin (lebhaft eintretend).

Herr Havelin! — Ist er nicht hier?

Cantal.

Nein. — Wollen Sie ihn sprechen?

Baudoin.

Es sind Briefe gekommen. — Ach entschuldigen Sie,
es ist auch einer für Sie dabei. (Er giebt ihn ihm.)

Cantal.

Ich danke. — Ach Havelin hat Sie gehört, da ist er.

Havelin (kommt aus dem Kabinette).

Baudoin.

Ach Herr —

Havelin (haftig).

Sind die Briefe da?

Baudoin (leise).

Dieser ist von Durand.

Havelin (erbricht ihn nach einigem Zaudern und liest).

Baudoin.

Nun, nun?

Havelin (stößt unwillkürlich halblaut aus).

Ah!

Eugenie.

Was ist denn?

Havelin.

Nichts — Geschäftsangelegenheiten. — (Nähert sich Baudoin, halblaut.) Die Tratte ist protestirt.

Baudoin.

O mein Gott!

Havelin.

Still! — Alles ist aus. Ich will noch heut meine Bilance ziehn, bereiten Sie Alles vor. Ich werde Rech= nung legen und meinen Gläubigern wenigstens beweisen, daß mein Unglück weder durch Unordnung noch Unred= lichkeit entstanden ist.

Baudoin (mit Thränen).

Ja, ja gewiß!

Havelin (drückt ihm die Hand).

Ruhig! Ruhig!

Baudoin (ab).

Cantal (liest indeß im Hintergrunde seinen Brief).

Lambert (lehnt an dem Tische zur Linken).

Eugenie (betrachtet die Männer wechselweis mit Besorgniß).

Havelin (mühsam gesammelt).

Eugenie, hast Du etwas in Rouen zu besorgen? Ich will es übernehmen.

Eugenie.

Wie?

Havelin.

Ich muß noch heut hinüberreisen, möglich, daß ich einige Tage dort aufgehalten werde.

Eugenie.

Und Du läſſeſt mich allein hier!

Havelin.

Allein? Lambert leiſtet Dir Geſellſchaft.

Eugenie.

Nein geh nicht fort ich bitte Dich! —

Havelin.

Liebes Herz, ich kann nicht anders. Sie lieber On= kel, werden ja wohl nicht lange in Paris bleiben.

Cantal (kommt in den Vordergrund).

Ich reiſe gar nicht hin, mein Freund.

Havelin.

Wie?

Cantal.

Louis Arvon, um deſſentwillen ich reiſen wollte, be= darf meiner nicht mehr.

Eugenie.

Was heißt das?

Cantal.

Er hat ſich getödtet.

Eugenie.

Gott!

Havelin.

Getödtet?

Cantal.

Aus diesem Briefe erfahre ich es so eben. Um einer tollen und verbrecherischen Liebe willen, die nicht erwiedert wurde, hat er sich umgebracht.

Havelin.

Der Unglückliche!

Lambert.

Und weiß man denn ob er zu leben vermochte, ohne wiedergeliebt zu werden? Wer in eine letzte Neigung alles zusammengedrängt hat, was ihm von Kraft und Muth übrig blieb, wem ein weibliches Wesen theurer geworden ist, als der Ruhm, theurer als seine Begeisterung für die Freiheit, wer in ihr die schmerzlich lang Ersehnte und Gesuchte gefunden hat, und nun nicht wiedergeliebt wird, was soll der in der kalten, leeren Welt? Er muß wohl sterben — um nur zu vergessen.

Cantal (für sich).

Jetzt verstehe ich Alles.

Havelin.

Aber gehört unser Leben uns denn allein? Was wird, wenn wir dahin sind, aus denen, die auf uns rechneten, die uns theuer waren?

Lambert.

Glücklich also, wer von niemand geliebt ist.

Havelin (kopfschüttelnd).

Immer dieser hoffnungslose Trübsinn! — Da Sie hierbleiben, lieber Onkel, Sie, der Sie das Leben so leicht zu nehmen wissen, so sollten Sie versuchen diesen Kranken zu heilen.

Cantal.

Ich habe die Cur schon angefangen.

Lambert.

Ich werde Herrn Cantal die Langeweile der Fort= setzung ersparen, denn ich reise.

Eugenie (für sich).

Was sagt er?

Havelin.

Du?

Cantal.

Er reist ab?

Lambert.

Ja. Es soll nicht länger scheinen, daß meine Faul= heit sich hieher geflüchtet habe —

Havelin (lebhaft).

Was willst Du damit sagen?

Lambert.

Nichts, nichts! — Längst schon hätte ich abreisen sollen, aber es giebt Orte, denen man sich nur mit Mühe

entreißt. Doch bin ich nun entschlossen — noch heut
Vormittag kehre ich nach Paris zurück!

Havelin.

Aber woher dieser schnelle Entschluß?

Lambert.

Frage mich nicht, Du weißt ich handle nach Laune
und Zufall, laß mir das Privilegium meiner Thorheit.
Ich bin ohne Ursach gekommen, warum sollte ich nicht
ebenso fortgehn?

Havelin.

Aber Du wirst doch nicht heut reisen.

Eugenie (lebhaft).

O nein!

Cantal.

Aber warum denn nicht? Herr Lambert hat ganz
Recht, sein Platz ist nicht hier, in Paris allein kann sein
Talent ihm Ruhm erwerben, und wer wahrhaft sein
Freund ist, wird ihn nicht zurückhalten. Uebrigens kann
die Gelegenheit nicht günstiger seyn, der Wagen der mich
nach Paris bringen sollte, fährt in zwei Stunden ab,
was hindert Herrn Lambert ihn zu benutzen?

Lambert.

Mein Herr —

Cantal.

Sie nehmen meinen Platz, ich bitte, Sie thun mir
einen großen Gefallen damit, Sie können mirs nicht ab=
schlagen, nicht wahr?

Lambert (bitter)

Sie sind so besorgt für meinen Ruf, und so eifrig
mich nach Paris zu schaffen, daß Sie mich wirklich um
einen Dank verlegen machen.

Havelin.

Wie leid mir auch Deine Abreise ist, mein Onkel
hat Recht und ich halte Dich nicht. Vielleicht wird der
Lärm und Glanz von Paris Dich besser zerstreuen, als
die Einsamkeit. In unserm Hause ist's traurig — und
kann es noch mehr werden. — Reise Du, Alfred, da es seyn
muß, arbeite mit gutem Muthe, suche den Ruhm zu fin=
den auf Deinem Wege, und vor allem — das Glück.

Lambert.

Ich werde mir wenigstens Ruhe schaffen.

Eugenie (für sich)

Ruhe? —

Havelin.

Ich habe Briefe nach Paris zu schreiben, Du nimmst
sie wohl mit, nicht wahr?

Lambert.

Sehr gern.

Havelin (geht nach seinem Cabinet).

Cantal (begleitet ihn bis zur Thür).

Lambert (zu Eugenie).

Ich danke Ihnen für die Gastfreundschaft, die Sie
mir bewiesen; die Erinnerung welche ich mitnehme,
wird dauern — so lange ich lebe. Seyn Sie glücklich!

und vergessen Sie, daß mein Aufenthalt Ihnen langweilige und trübe Stunden gebracht. Man muß einem Scheidenden Alles verzeihn, — wie einem Sterbenden.

Eugenie (ängstlich)

Lambert!

Cantal (kommt wieder vor).

Verzeihen Sie, der Wagen geht pünktlich in zwei Stunden ab, wenn Sie noch zu packen haben —

Lambert.

Ich danke für Ihre Erinnerung, obschon ich wenig Nutzen davon zu ziehen habe; man braucht oft für die weiteste Reise nur die kürzeste Vorbereitung (grüßt und geht ab)

Cantal (Eugenie ansehend).

Nun? — Du hattest mir versprochen heiter zu seyn.

Eugenie (bebend).

Ich bin heiter, lieber Onkel.

Cantal.

Ich sehe es. (Für sich.) Der Vetter muß sogleich aus dem Hause. (ab.)

Neunter Auftritt.

Eugenie (allein).

O mein Gott! mein Gott! sie wissen nicht warum er fort will, sie haben ihn nicht verstanden, all' seine Worte, seine Andeutungen, entsetzlich! — Nein,

nein er darf nicht sterben! — Wenn ich ihn doch spre=
chen könnte — ihn bitten daß er lebe — ja — aber ich
müßte ihn allein sehen und die Anwesenheit des Onkels
hindert uns. — O Gott, was soll ich thun? was
soll ich thun? (sie setzt sich weinend an den Tisch.)

Zehnter Auftritt.

Eugenie. Franz.

Franz (im Eintreten, laufend)

Ja, ich weiß wo es steht — Ah — verzeihen Sie
Madame.

Eugenie (erschrocken)

Was willst Du?

Franz.

Herr Lambert schickt mich.

Eugenie.

Nun?

Franz.

Ich soll das Futteral dort holen.

Eugenie (legt die Hand auf das Pistolenfutteral).

Das — das sind ja Pistolen!

Franz.

Ja eben. Die sagte er, solle ich ihm holen.

Eugenie.

Ah!

Franz.

Darf ich sie nehmen Madame?

Eugenie.

Nein — nein — nachher. — Ich werde sie selbst schicken.

Franz.

Na schön.

Eugenie.

Geh nur — so geh nur! (Franz ab.)

Elfter Auftritt.

Eugenie, gleich darauf Luise.

Eugenie.

Ich muß ihn sehn! Aber hier ist es unmöglich. — Wenn ich ihm schriebe — im Gartenhause — ja — das geht — zwei Worte nur (sie schreibt, faltet das Blatt und legt es in das Futteral). So muß er das Blatt finden. — Luise!

Luise (kommt).

Madame!

Eugenie.

Höre — ist Herr Lambert wohl auf seinem Zimmer?

Luise.

Ja Madam, ich sah ihn so eben hingehn.

Eugenie.

Allein?

Luise.

Ganz allein.

Eugenie.

Bringe ihm die Pistolen, er hat sie fordern lassen. —
Du giebst sie ihm selbst — ihm ganz allein — hörst Du?

Luise.

Ja Madam.

Eugenie.

So geh. (Luise ab.) Gott gebe daß es gelingt! Ah
war es nicht genug, daß Heinrichs Kaltsinn dies Herz be-
drückte, muß dieses Unglückseligen Liebesgluth es noch
zerreißen! (Sie sinkt weinend auf einen Stuhl nieder.)

(Der Vorhang fällt.)

Zweiter Akt.

Erster Auftritt.

Das Innere eines Gartenhauses, eine Mittel= und eine Seitenthür, im Vorgrunde Tische zu beiden Seiten. Cantal und Franz kommen.

Cantal.

Also Du glaubst, Herr Lambert mache Luisen die Cour?

Franz.

O das ist ja sonnenklar.

Cantal (für sich).

Sollte ich mich getäuscht haben? — Wollen sehen.

Franz.

Sehn Sie, erstens schreiben sie sich Briefe.

Cantal.

Ist das auch wahr?

Franz.

Ob es wahr ist! Jetzt eben sah ich Luise zu Herrn

Lamberts Zimmer gehen, ich bin also ganz sachte so an der Wand hingeschlichen, um zu hören was sie sprächen.

Cantal.

Aha, Du horchst also an den Thüren.

Franz.

Ei behüte! — es war am Fenster.

Cantal.

Und was hast Du gehört?

Franz.

Nichts.

Cantal.

Wie?

Franz.

Nichts, rein gar nichts, und das denke ich doch ist Beweis genug, denn wenn sie nicht was mit einander vorhätten, würden sie ja laut sprechen, wie alle andre Menschen. Aus Furcht verrathen zu werden ist Luise auch sogleich wieder herausgekommen.

Cantal.

Also hast Du gar nichts erfahren?

Franz.

Ah erlauben Sie! Ich schielte so ein Bischen durch die Fensterscheiben, und da sah ich daß Herr Lambert ein Billet aufmachte und las.

Cantal.

Teufel! — Nun und danach?

Franz.

Danach? — Sapperment Herr Cantal, Sie wissen wohl, was nach solchem Bestellungszettel kommt.

Cantal.

Ich frage, ob Du weiter nichts gesehn hast?

Franz.

Nun — nein.

Cantal (nach einigem Bedenken).

Höre Franz, Du thust mir leid, ich will Dir bei= stehen.

Franz.

Ah Herr Cantal, das ist sehr rechtschaffen von Ihnen.

Cantal.

Lege Dich auf die Lauer.

Franz.

Gott da liege ich ja den ganzen Tag.

Cantal.

Suche einmal solch ein Briefchen, oder irgend etwas zu erhaschen, was uns —

Franz.

Das wollte ich schon, aber was würde es mir helfen? ich kann ja nicht lesen.

Cantal.

Ich lese es für Dich, und wenn wir erst Beweise ha= ben, dann bringen wir die Sache schnell in Ordnung.

Franz.

In Ordnung. — Das ist gut.

16*

Cantal.

Aber vor allen Dingen mußt Du keinem Menschen davon sagen.

Franz.

Versteht sich, versteht sich!

Cantal.

Nun geh, geh!

Franz.

Ja ich gehe! (für sich.) Was gäbe ich drum, wenn ich es erst so schwarz auf weiß sähe, daß Luise mich für'n Narren hält (ab).

Zweiter Auftritt.

Cantal (allein).

Das ist Alles dunkel. — Luise schreibt ihm diese Briefe nicht, das ist gewiß, — gleichwohl kann ich nun und nimmermehr glauben, daß ein förmliches Verständniß zwischen Eugenie und Lambert bestehen sollte. — Nein, nein. — Aber die Aufregungen des Abschiedes sind gefährlich, da könnten Geständnisse geschehen, und ist ein Verhältniß erst ausgesprochen, löst es sich schwerer. — Auf keinen Fall dürfen sie sich noch allein sprechen. Sieh da! — dort kommt der Cousin durch den Weingang — und Eugenie verließ mich vorhin, klagte über Migraine. — Holla, hier gilt es wachsam seyn!
(Er geht durch die Mitte ab.)

Dritter Auftritt.

Lambert durch die Seitenthür, bald darauf **Eugenie.**

Lambert.

Sie ist nicht hier. — Doch waren Ort und Zeit in dem Billet genau bestimmt. — Vielleicht ist sie abgehalten worden. — Sollte ich vergeblich gehofft haben? — Ha es kommt Jemand.

Eugenie (durch die Mitte, eine Arbeit in der Hand).

Niemand hat mich bemerkt. — Ah, Sie sind schon hier?

Lambert.

Ich bin's.

Eugenie.

Sind wir allein?

Lambert.

Ganz allein. Sie haben verlangt, noch ein Mal mit mir zu sprechen, was kann es seyn—?

Eugenie.

Das wissen Sie nicht? — Ich habe die dunklen Worte verstanden, mit denen Sie uns verließen. — Ich weiß mein Schritt ist gewagt, Sie selbst muß er befremdet haben, aber konnte ich Sie so reisen lassen? Ich mußte Sie noch ein Mal sehen, Sie sollen, Sie müssen mir versprechen, daß Sie leben wollen.

Lambert.

Leben? — und wozu? Ist nicht Alles in mir todt?

Freude, Muth und Hoffnung? Was soll ich noch hie=
nieden? — nur da seyn? — Ich bin dieses Schatten=
lebens müde, mich verlangt nach Ruhe.

Eugenie (rasch).

So wollen Sie—?

Lambert.

Ich will aufhören zu leiden, mißgönnen Sie mir
das? — Aber fürchten Sie nichts, ich werde die Weni=
gen, die mich gekannt haben, nicht durch einen auffallen=
den Tod verletzen, ich werde die Welt verlassen, wie ich
darin gelebt habe, ungenannt und unerkannt; meine
Flucht aus dem Leben wird nichts als eine Abwesenheit
seyn. Vielleicht wenn die Zeit mein Gedächtniß schon
halb verlöscht hat, wird irgend ein Gleichgültiger be=
merken, daß man mich lange nicht gesehen habe und wird
sagen: er ist wohl todt! Meine Freunde werden das be=
zweifeln, damit sie nicht nöthig haben betrübt zu seyn,
und man wird mich vergessen, ohne mich beweint zu
haben.

Eugenie (gerührt).

O Sie sind grausam!

Lambert.

Ich? — Und wer zwingt mich so zu denken? zwingt
mich zu schweigen, wenn mein Herz sich der furchtbaren
Qualen in Worten entledigen will?

Eugenie.

Wissen Sie denn so gewiß, daß Sie allein dabei leiden?

Lambert (lebhaft).

Wäre es möglich! — Ach so hätten Sie mich endlich verstanden?

Eugenie (erschrocken).

Was sagen Sie?

Lambert.

O sprechen Sie das einzige Wort, das mich die Hoffnung wieder lehrt.

Eugenie.

Lassen Sie mich!

Lambert.

Nein, nein Sie müssen mir antworten — es gilt ja mein Leben! — Als ich hier ankam, vor drei Monaten, da war ich schon bereit das Leben zu verlassen, Ihr Anblick hat mich zurückgehalten. Ich glaubte mein Herz längst aller Hoffnung abgestorben, Ihr Blick hat es neu belebt. In Ihnen ist mir Leben, Glück und Seligkeit wieder aufgegangen.

Eugenie.

Oh schweigen Sie, schweigen Sie! Wir sind unsinnig Beide; Sie so zu sprechen, ich es anzuhören. Diese Leidenschaft ist eine Täuschung und ich glaube sie Ihnen nicht.

Lambert.

O Sie glauben mir, Eugenie, Sie sind gerührt. Ich liebe Sie mit —

Eugenie.

Schweigen Sie, um Gotteswillen! Sehen Sie denn nicht, daß Ihre Stimme mir Entsetzen einflößt? Wiederholen Sie das Wort nicht, ich darf es nicht hören, Ihnen nichts erwidern.

Lambert.

Wollten Sie mir die Hoffnung rauben, die Sie mir so eben gegeben? — Sie auch empfinden die Bitterkeit des Lebens, Sie auch bedürfen eines Herzens, das Sie verstehe; o weisen Sie mich nicht von sich! Behalten Sie mich als Ihren Freund, Ihren Bruder, ich will genügsam seyn, und nur im Traume mich mit der Seligkeit der Gegenliebe täuschen.

Eugenie (für sich).

O mein Gott!

Lambert.

Entscheiden Sie, ob ich jetzt abreisen soll, um Sie niemals wiederzusehn, oder ob ich bald wiederkehren darf. O lassen Sie mich in Ihrer Nähe weilen, ich weiß Ihre Sehnsucht, Ihre Schmerzen zu errathen, ich verstehe die unausgesprochenen Seufzer Ihrer Seele, die wie die meinige ein Fremdling in diesem rauhen, liebeleeren Leben ist. Ich will in Ihre Thränen treulich weinen, Ihr Lächeln soll mein einziges Entzücken seyn, von Ihren Blicken, Ihrem Athem will ich leben. O versagen Sie mir nicht dies wonnevolle Glück, und wenn es auch nur eine Stunde dauern könnte! Warum zagen, warum beben Sie? Ich begehre ja keine andern Hoffnungen, keine Zusagen, ich flehe nur um das einzige Wort, das mich vom Tode abhalten soll, sagen Sie nur, daß ich bleiben und leben soll.

Eugenie (will ihm gerührt die Hand reichen) Alfred! —

Vierter Auftritt.

Vorige. Cantal.

Cantal.

Ah! Ah! Sieh da!

Eugenie.

Mein Gott!

Lambert.

Schon wieder dieser Mensch!

Cantal (zu Eugenien).

Ich suchte Dich so eben.

Eugenie.

Mich?

Cantal.

Dich selbst. Aber hier dachte ich Dich nicht zu finden, Du wolltest ja in Dein Zimmer gehn.

Eugenie (verlegen).

Ja — aber ich glaubte, hier im Gartenhause würde mir besser werden.

Cantal.

Haſt Recht gehabt, es iſt hier angenehm kühl. — Nun, wenn Dir es recht iſt, ſo leiſte ich Dir Geſell=ſchaft. Ich bin auch etwas müde geworden. (Er ſetzt ſich in die Mitte der Bühne.)

Lambert (für ſich).

Es ſcheint, er will ſich hier förmlich einrichten.

Cantal.

Nun? Du ſetzeſt Dich ja nicht?

Eugenie.

Nein — lieber Onkel.

Cantal (mit Beziehung)

Genire ich Dich etwa? — Sage es nur.

Eugenie (lebhaft).

Wie ſo denn? — Nein, bleiben Sie, ich bitte. (Sie ſetzt ſich.)

Cantal.

Wie Du willſt, mein Kind. (Pauſe.) Nun, was haſt Du denn? — Du ſprichſt ja nicht?

Eugenie.

Ach lieber Onkel, ich befinde mich nicht wohl — ich bin gar nicht zum Plaudern aufgelegt.

Cantal.

Was Du ſagſt! — Aber plaudre Du nicht; wer wird ſich denn en famille geniren? — Arbeite ganz ru=hig, ich werde bei Dir leſen. (Zieht Journale aus der Taſche.) Heut zu Tage hat man immer die Taſchen voll Neuig=keiten. (Zu Lambert) Iſt Ihnen vielleicht ein Blatt gefällig?

Lambert.

Ich danke ergebenst! (Cantal liest, Lambert äußert seine Ungeduld, Eugenie bemerkt sie.)

Eugenie (für sich Cantal betrachtend).

Sollte er etwas muthmaßen?

Lambert (für sich)

Wie bringt man ihn nur fort? (Laut.) Ich fürchte aber wir stören Ihren Herrn Onkel.

Cantal.

Keinesweges. — Sie reden ja kein Wort.

Lambert.

Wenn auch. — Man ist doch lieber allein beim Lesen. (Zu Eugenie.) Wenn Sie erlauben führe ich Sie nach dem Hause — oder wir machen einen Gang durch den Park. (Eugenie steht auf.)

Cantal.

Du gehst?

Eugenie.

Ja, — ich möchte wohl auf einen Augenblick nach dem Hause gehn.

Cantal.

Du kommst ja so eben da her.

Eugenie.

Es ist nur — ich habe einiges zu besorgen.

Cantal.

Ah, so will ich Dich begleiten (steht auf).

Eugenie (rasch).

Nein, laſſen Sie ſich nicht ſtören.

Cantal.

Ei ſo komm doch nur.

Eugenie.

Nein, dann bleibe ich.

Cantal.

Wie? — Du ſagteſt ja Du habeſt etwas zu beſorgen?

Eugenie.

Ach ja — ja das iſt wahr, — entſchuldigen Sie — ich gehe, lieber Onkel, ich gehe. (Ab.)

Cantal (das Journal falzend).

Sie ſcheint nicht recht zu wiſſen, was ſie will, meine gute Nichte.

Fünfter Auftritt.

Cantal. Lambert.

Lambert (für ſich).

Auf jeden Fall muß ich ihr nach. (Will fort.)

Cantal.

Gehen Sie auch?

Lambert.

Ja; ich empfehle mich.

Cantal (den Hut aufſetzend).

O warten Sie doch, ich gehe mit Ihnen.

Lambert.

Derangiren Sie sich nicht, ich habe noch Einiges für meine Reise zu ordnen.

Cantal.

Ich will Ihnen helfen.

Lambert.

Ich danke, es ist nicht nöthig.

Cantal.

Es macht mir Vergnügen —

Lambert (ungeduldig).

Noch einmal mein Herr, ich danke Ihnen.

Cantal.

Nun — dann werde ich Ihnen nicht helfen.

Lambert (geht).

Cantal (folgt ihm).

Lambert (stillstehend).

Wohin gehen Sie, wenn ich fragen darf?

Cantal.

Und Sie?

Lambert (zornig).

Mein Herr — ich glaube Ihnen deutlich genug zu verstehen gegeben zu haben, daß ich allein zu seyn wünsche.

Cantal.

Ich habe Sie auch vollkommen verstanden.

Lambert.

So haben Sie die Güte danach zu handeln. Hier

sind zwei Thüren, zeigen Sie mir die, durch welche Sie gehen wollen, ich werde dann die andre wählen.

Cantal.

Ich wähle die — durch welche Sie gehen werden.

Lambert.

Dieser Scherz —

Cantal.

Ich scherze nicht.

Lambert.

Haben Sie Lust meine Schritte zu bewachen?

Cantal.

Vielleicht.

Lambert.

Mein Herr, ich werde nicht dulden —!

Cantal.

Oh! Keinen Lärm! ich bitte. Ich gehöre nicht zu denen, die man so leicht in's Bockshorn jagt. Ich habe Ihnen nur zu sagen: Eugenie ist meine Nichte, ich habe sie erzogen und liebe sie wie mein eigen Kind. Ihre Ehre und ihre Ruhe sind mir theuer, darum will ich sie gegen Sie vertheidigen.

Lambert.

Wer hat Ihnen gesagt daß —

Cantal.

Gegen Sie, der ihre romanhafte Schwärmerei miß= brauchen will, und es wagt zu der Frau eines Freundes von Liebe zu reden. (Lambert macht eine Bewegung) Sie sehen,

daß ich wohl unterrichtet bin, und daß Läugnen unnütz
wäre.

Lambert.

Und wer sagt Ihnen, daß ich das will?

Cantal.

Sie geben es also zu? — Wahrhaftig, immer besser,
das ist doch originell!

Lambert.

O verspotten Sie doch nicht Empfindungen, die Sie
nicht verstehen können.

Cantal.

Erlauben Sie mir, ich verstehe das vollkommen.
Sie sind hieher gekommen, mit leerem Herzen, Sie be-
durften einer excentrischen Leidenschaft, die Sie inspi-
rirte; — so eine Leidenschaft ist ja für einen Künstler,
was ein Patent für uns. Sie haben Eugenie getroffen,
die sehr sentimental ist, weil sie nichts zu thun hat, und
haben sich also daran gemacht, sie anzubeten. Aber im
Grunde ist das nur eine poetische Täuschung, Sie haben
Ihre Exaltation für Liebe gehalten, aber Sie lieben Eugenien ebenso wenig, als sie Sie wiederliebt. — Nein,
sie liebt Sie nicht! Vielleicht überträgt sie auf Sie alle
Reize ihrer Romanenhelden, aber was sie liebt ist eitle
Träumerei. Sobald es ihr einmal Tag wird, verfliegt
die Täuschung und bittre Reue bleibt zurück. Das will
ich verhindern; nicht nur für sie, sondern auch für Havelin; denn haben Sie schon bedacht, mein Herr, daß

die Erfüllung Ihrer Wünsche einen ehrlichen Mann be=
schimpfen würde, und daß man Sie für diese Verrätherei
zur Rechenschaft ziehen könnte?

Lambert.

Ich werde keine Genugthuung weigern.

Cantal.

Genugthuung! — ah, ich verstehe. Sie gehören zu
denen, die da glauben, es lasse sich Alles mit der Degen=
spitze auslöschen. Sie wissen überdies, daß die Hand,
welche vollauf zu thun hat, das Brod für eine Familie
zu erwerben, selten geschickt im Tödten ist.

Lambert.

Mein Herr —!

Cantal.

Oder vielmehr, da Sie großmüthig sind, lassen Sie
Havelin ein Paar Tropfen Ihres Blutes nehmen, als
Almosen für seine heruntergekommene Ehre, und dann
gehen Sie hin, doppelt interessant durch Ihre Wunde,
und lassen von den Weibern Ihre wohlfeile Bravour
bewundern.

Lambert.

Das ist zu viel mein Herr, Sie werden mir Rede
stehn —!

Cantal.

Junger Mann! (Er lüftet den Hut.) Ich habe weiße
Haare, und das Vorurtheil selbst verlangt von mir nicht
mehr, daß ich mich umbringen lasse, um meinen Muth

zu beweisen. Ich bin hier, Sie zur Pflicht zurückzuführen. Dämpfen Sie Ihren Zorn, er hilft Ihnen nichts. Ich habe Ihnen schon gesagt, so lange Sie hier sind, lasse ich Sie und Eugenie nicht aus den Augen. Zum Glück wird meine Aufsicht nicht lange währen, da Sie ja auf der Stelle abreisen.

Lambert.

Und wenn ich bleibe?

Cantal.

So bleibe ich auch.

Lambert.

Sie —?

Cantal.

Zum Glück habe ich mein Geschäft seit 14 Tagen aufgegeben, ich bin Herr meiner Zeit, und bleibe bei Ihnen wie Ihr Schatten. Auf Tritt und Schritt bin ich Ihnen nah, bei jeder Unterredung bin ich der Dritte, und nur die Abreise kann Sie von mir befreien.

Lambert.

Wohlan, wir wollen sehen —!

Cantal.

Still, man kommt.

———

Sechster Auftritt.

Vorige. Baudoin (Papier und einige Comptoirbücher tragend).

Baudoin.
Herr Lambert, Sie werden gesucht.

Lambert.
... Ich?

Baudoin.
Der Wagen ist da, in dem Sie Herrn Cantals Platz einnehmen wollten.

Lambert.
Ach!
Cantal (für sich).
Was wird er thun?

Baudoin.
Entschuldigen Sie, Herr Cantal, ich habe da die Factura über die letzte Sendung, die Sie von uns er=hielten, möchten Sie wohl die Güte haben, sie zu veri=ficiren?

Cantal.
Zeigen Sie doch.

Lambert (für sich).
So lange ich hier bin, bewacht mich dieser Argus, wenn er mich entfernt glaubt, räumt er wohl das Feld.

Baudoin (zu Lambert).
Herr Havelin und Madame erwarten Sie auch, um Abschied zu nehmen.

Lambert.

Wohl, ich gehe. Abieu! (ab.)

Cantal (über die Factura hinwegblickend).

Er geht, das Spiel ist gewonnen! — Aber ich möchte ihn doch in den Wagen steigen sehen (will fort).

Baudoin.

Entschuldigen Sie, wir brauchen die Factura sogleich.

Cantal.

Sogleich?

Baudoin.

Herr Havelin will in einer Stunde fort, er muß alle diese Papiere mit nach Rouen nehmen.

Cantal.

Ist das so dringend? — Hm — Nun meinetwegen, so will ich auf's Comptoir gehen.

Baudoin.

Herr Havelin kommt sogleich hieher, um die Rechnungen abzuschließen.

Cantal.

Hier im Gartenhause?

Baudoin.

Auf dem Comptoir wird er so oft gestört. Wenn Sie die Güte hätten auch die Factura hier durchzusehen.

Cantal.

Gut, gut. (für sich.) Das ist wunderlich! (er setzt sich an den Tisch rechts.)

17*

Baudoin.

(legt Bücher und Papier auf den Tisch zur Linken in Bereitschaft, für sich).

Wenn er nur käme! Die Bilance muß doch in Ord=
nung seyn, wenn er mit seinen Gläubigern unterhandeln
will — ach da ist er!

Siebenter Auftritt.

Vorige. Havelin.

Havelin (für sich).

Diese sonderbare Aufregung Eugeniens bei Lamberts
Abschiede — was ist das?

Cantal (wendet sich um).

Nun ist er fort?

Havelin.

Wer?

Cantal.

Der Herr Lambert?

Havelin.

Ja.

Cantal (aufathmend, für sich).

Nun, glückliche Reise!

Havelin (geht zum Tische links).

Ist das Alles, lieber Baudoin?

Baudoin.

Hier die — oh, den' einen Kassenabschluß habe ich
doch vergessen, ich hole ihn sogleich.

Havelin.

Und schicken Sie mir nur niemanden hieher, ich muß ungestört seyn. *(Barboin geht.)*

Cantal.

Ich gehe auch sogleich.

Havelin.

Sie stören mich nicht. *(Beide arbeiten. Pause.)*

Havelin.

Ich kann mir doch Lamberts Unruhe nicht enträthseln, als er Lebewohl sagte — kam es mir doch vor, als suchte er Eugenie allein zu sprechen — als wollte er ihr sein Skizzenbuch geben — dann zog er es zurück. — Ach! wie fern waren mir sonst solche argwöhnische Gedanken! Die Sorgen machen uns engherzig und mißtrauisch. — Fort mit den unsinnigen Muthmaßungen! Ich will arbeiten.

Cantal.

Werden Sie nicht ungeduldig Havelin, ich bin sogleich fertig.

Havelin.

Geniren Sie sich durchaus nicht. — Ich mag es überrechnen wie ich will, ich finde den Fehler nicht. Hier habe ich 540,000 Franken und da nur 412,000. Ich muß es noch einmal aufrechnen.

Achter Auftritt.

Vorige. Franz (ein Skizzenbuch in der Hand, noch draußen).

Franz.

Also Präsenter werden angenommen, Mamsell? —
Nun das denke ich doch ist ein Beweis!

Havelin.

Was giebts?

Cantal (für sich).

Das ist Franz. (zu Havelin) Lassen Sie sich doch nicht
unterbrechen. (zu Franz welcher eintritt) Was willst Du denn
hier?

Franz.

Haben Sie nicht gesagt, ich sollte einen Beweis
schaffen, daß sie untreu ist?

Cantal.

Erzähle mir das draußen.

Franz.

Nun sehn Sie nur, dies Bilderbuch hat er ihr geschenkt.

Cantal.

So schweig doch nur.

Havelin (ist nähergetreten).

Das ist Lamberts Skizzenbuch.

Franz.

Nun freilich, ich sah es ja wie er es Luisen gab und
ihr dabei etwas zuflüsterte; aber ich habe es ihr abgejagt.

Und nun sehn Sie nur was für verliebte Bilder da drin=
nen sind. (er schlägt das Buch auf, ein Billet fällt heraus). Ach!
Ein Billet, ein Billet! (er nimmt es auf.)

> Havelin.
> Ein Billet sagst Du?
> Cantal.
> Ein Blättchen worauf der Crayon
> probirt ist, gieb her!

Havelin (nimmt das Billet heftig).

Nein ich will es sehn!

Cantal (zu Franz heimlich).

Du Tölpel!

Havelin.

Das ist Lamberts Schrift.

Franz.

Nun das versteht sich.

Havelin.

Nur einige Zeilen, mit Crayon geschrieben.

Cantal.

Nun ich sagte es ja. Und was wird es seyn? (er geht
zu ihm) Lassen Sie doch sehn (will es nehmen).

Havelin (weigert es).

Ich werde es lesen. „Ich konnte Sie nicht aufsu=
chen, denn, Sie bemerkten es wohl, wir wurden
beobachtet."

Franz (auf der andern Seite der Bühne, horchend).

Ich kann nichts verstehn.

Havelin (ließt weiter).

„Ich werde zum Schein abreisen, damit man Sie nicht mehr bewache, aber im Dorfe anhalten und unbemerkt zurückkehren."

Cantal (für sich).

Schändlich!

Havelin (ließt).

„Ich werde Sie da aufsuchen, wohin Sie mich heut beschieden hatten und dann mögen Sie über mein Loos entscheiden."

Franz (verdrießlich).

So komme ich doch nicht dahinter.

Cantal (ungewiß).

Nun, ist das Alles?

Havelin.

Alles.

Cantal (lebhaft).

Da haben wir's. Was gilt solch ein Zettel? An niemand adressirt, von niemand unterzeichnet, ohne Datum, vielleicht vor zehn Jahren an Gott weiß wen gerichtet, und in dies Buch zufällig als Zeichen eingelegt? (er entfernt sich von Havelin.)

Havelin.

Wer sagt Ihnen, ob das Buch nicht selbst an jemand gerichtet ist?

Franz (rasch zu Havelin tretend).

Nun versteht sich, an Luise.

Havelin (wie verbelüt).

An Luise? — Ja, ja, an Luise! — Aber Du mußt Dich davon überzeugen, Franz, hörst Du? Wir legen das Billet wieder hinein, nun trage das Buch zu Luise und sage Du hättest ihr Unrecht gethan.

Franz.

Ich?

Havelin.

Dann gieb Acht, ob sie das Billet liest, und was sie dann thut —

Franz.

Aha!

Havelin.

Und komm sogleich und sage es mir.

Franz.

Das ist fein ausgedacht! — Oh nun mir zwei solche Herren beistehen, komme ich gewiß dahinter!

Havelin.

Geh nur, geh! (Franz ab.)

Cantal (für sich).

Da giebt's für mich auch zu thun. (laut) Havelin, da sind meine Facturen, nun lasse ich Sie in Ruh (er geht ab).

Neunter Auftritt.

Havelin (allein).

O mein Gott! — Wenn dieser Brief nicht an Luise
— wenn er an — Oh! Nein, nein — das wär' zu
schändlich — das ist nicht möglich! — Wenn Franz nur
Luise findet, — wenn er ihr nur nichts sagt. — Ich
hätte selbst gehen sollen. — Aber vor seinen Leuten sol=
chen Argwohn blicken lassen, — solchen ungerechten Arg=
wohn, denn es wird sich Alles aufklären. — Nein — ich
will es abwarten — mit Fassung, mit Geduld. — Die
Rechnungen sind noch nicht in Ordnung, die Zeit ver=
geht, ich muß ein Ende machen. (er setzt sich wieder zum Tische.)
Dies stimmt. — Nun hier die — immer dieselbe Diffe=
renz, 540,000 Franken (er schiebt zerstreut und heftig die Pa=
piere durcheinander. Dann hält er inne). Ja, ja, Eugenie liebt
mich — sie muß mich lieben, — ich liebe sie ja so sehr!
Und doch woher diese unerklärliche Traurigkeit seit zwei
Monaten? — seit Alfred ankam —? Woher die Unruhe
bei seinem Abschiede — woher des Onkels auffallendes
Bemühen ihn fortzuschaffen? — Das Alles tritt mir jetzt
erst vor die Seele. — Oh! diese Vermuthungen sind
entsetzlich! Auf solche Schmerzen war ich nicht vor=
bereitet. Mein Gott! mein Gott! das ist zu viel auf
einmal!

Zehnter Auftritt.

Havelin. Baudoin.

Baudoin.

Da bin ich —

Havelin (heftig).

Wer ist da? Was wollen Sie?

Baudoin.

Ich bin es, ich bringe den Kassenabschluß.

Havelin (nimmt das Blatt und geht zur Thür).

Gut. (für sich) Franz kommt nicht! — O ein Jahr meines Lebens für jede Minute weniger in dieser Zweifelsqual! (er knittert die Papiere konvulsivisch in den Händen.)

Baudoin.

Bester Herr, diese Papiere sind Ihnen von größter Wichtigkeit.

Havelin.

Ach Sie haben Recht! (er wirft sie auf den Tisch, geht zur Thür und sieht in den Garten hinaus.)

Baudoin (bringt sie wieder in Ordnung, für sich).

Mein Gott! die Rechnungsbilanz ist noch nicht gezogen — der arme Mann! — (nähert sich Havelin) Sie haben nun Alles was Sie brauchen, um die Arbeit zu Ende zu bringen.

Havelin (zerstreut).

Es ist gut.

Baudoin.

Aber die Zeit vergeht.

Havelin.

Gut, gut sage ich.

Baudoin (fest).

Herr Havelin, diese Rechnungen gelten mehr als Ihr
Vermögen und Ihr Leben, sie sind das einzige Zeugniß
Ihrer Rechtlichkeit.

Havelin.

Das ist wahr!

Baudoin.

Ohne sie können Sie nicht vor Ihre Gläubiger
treten.

Havelin.

Wahr! wahr!

Baudoin (weicher).

Ich bitte Sie, bedenken Sie, daß Sie mit einem
Fallissement bedroht sind.

Havelin.

Ja, ja — Du hast Recht; der Gram macht uns
nicht von unsern Pflichten los — ich muß die Arbeit
enden. (die Hände zusammenschlagend.) O wenn mein Ver=
dacht ungerecht wäre! — ja! ja! — Der Brief war
nicht an sie gerichtet — es ist unmöglich! nicht wahr
Baudoin?

Baudoin.

Was denn, mein bester Herr?

Havelin.

Nichts. — Gieb mir den Kassenabschluß — ist Alles

da? — Gut. (am Tische) Immer diese Zahlen! (nach der Thür sehend) Kommt noch niemand? — O, an diesen Tisch geschmiedet zu seyn, während über meine Ruhe, mein Glück anderwärts entschieden wird! Täglich und stündlich so das Herz dem Interesse aufopfern zu müssen, bei Strafe des Bankerotts, der Schande — und das nennt man leben! — In diesem Augenblicke rechnen zu sollen, — und doch muß es seyn — es muß! — So arbeite denn, arbeite, du Ziffernsklave, du sollst deine Ehre herausrechnen! — Ich kann nicht! Oh! mein Kopf, mein Kopf!

Bauboin (ist an ihn herangetreten).

Fassen Sie doch wieder Muth! Denken Sie, es ist nicht für Sie allein, es ist für Ihre Frau, für Ihre Kinder.

Havelin.

Meine Kinder! Ach Bauboin! (aufspringend.) Ich muß meine Kinder sehen!

Franz (von Außen).

Herr Havelin! Herr Havelin!

Havelin (stillstehend).

Horch!

Elfter Auftritt.

Vorige. Franz.

Franz.

Herr Havelin!

Havelin.

Franz!

Franz.

Ich suche Sie.

Havelin.

Nun?

Franz.

Der Wagen ist da.

Havelin.

Aber der Brief, Unglücklicher, der Brief!

Franz.

Was für ein Brief? — Ach, der in dem Bilderbuche war? — es ist wahr, das habe ich Ihnen noch nicht gesagt.

Havelin.

So rede denn!

Franz.

Ja doch, ja. — Nun mit dem Briefe hat es nichts auf sich.

Havelin.

Wie das?

Franz.

Er war nicht für Luise.

Havelin.

Nicht?

Franz.

Als ich ihr das Buch wiederbrachte, sagte sie sogleich, Herr Lambert habe es ihr für Madame gegeben.

Havelin.

Das sagte sie?

Franz.

Ja und sie trug es auch auf der Stelle zu Madam, ich hab's gesehn.

Havelin (verzweiflungsvoll).

Zu ihr!

Franz.

Ja bei meiner Treu!

Havelin.

Hole Luise, ich will sie sprechen; nein das Mädchen betrügt mich — Eugenie ist's — Eugenie, die ich sehen muß! (er will fort.)

Zwölfter Auftritt.

Havelin. Cantal führt Eugenie herein, Baudoin und Franz ziehen sich zurück.

Havelin (zurückfahrend).

Ha!

Cantal.

Was ist denn? Sie rufen nach Ihrer Frau? Wir machten so eben eine kleine Promenade.

Havelin.

Zusammen?

Cantal.

Allerdings. Ich fand mein Nichtchen im Garten, und als ein galanter Ritter bot ich ihr meinen Arm.

Havelin (gesammelt).

Ich danke Ihnen. Aber sind Sie Niemandem auf Ihrem Spaziergange begegnet? (Eugenie ansehend.) Lambert zum Beispiel?

Eugenie (für sich).

Was sagt er?

Cantal.

Ei Lambert ist ja abgereist.

Havelin (immer Eugenie fixirend).

Ja, aber wer kann die Phantasieen eines Künstlers errathen? — Er könnte ja unbemerkt zurückkehren.

Eugenie (fährt zusammen).

Himmel!

Havelin (für sich).

Es ist wahr!

Cantal.

Sie wollen schon reisen, lieber Freund? ich sah so eben den Wagen vorfahren.

Havelin.

Ich muß fort. Schwerlich werde ich lange ausbleiben, ich finde in meinem Hause Wichtigeres zu thun, als

in Rouen. Darf ich wohl darauf rechnen, daß Sie bis
zu meiner Rückkehr mein Haus behüten?

Cantal.

Ganz gewiß.

Havelin (ihm die Hand reichend).

So leben Sie wohl, mein Freund.

Eugenie (geht zu ihm, um ihn zum Abschiede zu küssen).

Leb wohl, Heinrich! (Vor seinem Blicke senkt sie die Augen,
läßt die Arme sinken und wankt bei ihm vorüber zum Stuhl.)

Havelin (mit einem strafenden Blicke voll des tiefsten Schmerzes

sie begleitend).

Leb wohl! (Er geht ab.)

(Der Vorhang fällt)

———————

Dritter Akt.

Erster Auftritt.

Das Zimmer des ersten Aktes. Lichter auf den Tischen. Eugenie, dann Luise.

Eugenie (steht auf, da Luise eintritt).

Ach Luise, wie lange, wie lange bist Du geblieben!

Luise.

Verzeihen Sie, Madame. Franz ließ mich nicht aus den Augen, bis nach Fleury hinunter hat er mich verfolgt.

Eugenie.

So warst Du dort?

Luise.

Ich habe Herrn Lambert im Dorfe gefunden, wo er den Wagen hatte anhalten lassen.

Eugenie.

Und hast ihm meinen Brief gegeben?

Luise.

Ja Madame. Als er ihn las, schien er zuerst ganz erstaunt, dann war es, als wüßte er nicht recht, was er thun sollte, endlich, ohne mir ein Wort zu sagen, rief er nach dem Postillon.

Eugenie.

Das ist gut. (Für sich). So mußte es seyn. (Laut.) Es ist gut, Luise. (Ihr die Hand reichend.) Ich kann doch auf Deine Verschwiegenheit rechnen?

Luise (die Hand küssend).

Ach Madame —

Eugenie.

Dank, Dank! — Geh' nun.

Zweiter Auftritt.

Eugenie (allein).

Was muß das Mädchen von mir denken? — Mein Gott! kam es dahin, daß ich vor meinen Leuten erröthen muß! — Ach, wohin kann die Unbesonnenheit uns reißen! Noch ehe man an einen Fehltritt gedacht, ist man schon verloren. — Ja, diese letzte Unterredung durfte ich ihm nicht gestatten, er mußte abreisen. — Mit welcher Angst erfüllte mich der Gedanke an seine Abreise, und nun er fort ist — um wie viel leichter fühle ich mich!

18 *

— O ich will Alles wieder gut machen; meine Pflichten
sollen mir lieb werden, Heinrich soll glücklich seyn, ich
will nicht ruhen, bis ich all' seine frühere Zärtlichkeit
wieder errungen habe! — Wenn er nur nichts weiß! —
Sein Abschied heut', der Blick, mit dem er mich verließ
— er war fürchterlich. O wäre ich erst über diese Unge=
wißheit hinweg!

Dritter Auftritt.

Eugenie. Cantal kommt mit **Baudoin** aus Havelins
Cabinet.

Cantal (zu Baudoin).

Sie haben mich verstanden, Baudoin?

Baudoin.

Vollkommen, die Sache ist auch nun nicht mehr
schwierig.

Cantal.

Und Sie benutzen meine Vollmacht ganz nach Ih=
rem Dafürhalten.

Baudoin.

Seyn Sie ganz ruhig, es ist, als ob Sie selbst da
wären. (Ab durch die Mitte.)

Cantal.

Ich hoffe er kommt noch zu rechter Zeit. (Bemerkt
Eugenie.) Ah Du bist es. — Baudoin hat mir so eben
schöne Dinge erzählt.

Eugenie.

Wie so?

Cantal.

Weißt Du warum Dein Mann in Rouen ist?

Eugenie.

Nein.

Cantal.

Um seinen Gläubigern die Fabrik zu cediren.

Eugenie.

Was sagen Sie?

Cantal.

Er ist ruinirt.

Eugenie.

Ruinirt?

Cantal.

Wie ich Dir sage. Seit einem Jahre kämpft er schon vergeblich dagegen.

Eugenie (sich nicht in den Gedanken finden könnend).

Aber — das ist ja nicht möglich!

Cantal.

Nicht möglich? — Ihr Frauen wißt viel, was täg=
lich im Geschäftsleben auf dem Spiele steht. Ihr wißt
nicht, was es heißt: mit jeder Post die Nachricht eines
tödtlichen Verlustes zu erwarten, fortwährend die Noth
seiner Familie, wie das Schwerdt des Damokles über
sich aufgehängt zu sehen — und zu dem Allen die ver=
gnügtesten Gesichter machen zu müssen. Denn das Gesicht

eines Kaufmannes ist ein Theil seines Kapitales, es ist
der Thermometer seines Kredites. — Man beneidet uns
immer unsre guten Geschäfte, unsern Gewinn, man be=
denkt aber nicht, daß wir unser ganzes Leben auf einem
Schlachtfelde zubringen, wo man freilich nicht zu fürch=
ten hat todtgeschossen, aber doch zu Grunde gerichtet zu
werden; wo die Ehre gemordet wird, und für gewisse
Leute heißt das doch noch etwas.

Eugenie.

Aber warum hat Heinrich mir das verschwiegen?

Cantal.

Warum, warum? — Weil er so ein besondrer Mensch
ist, der nur seine Freuden theilt, die Noth aber für sich
behält.

Eugenie.

O mein Gott! Und seit einem Jahre kämpft er ge=
gen diese Sorgen? Daher seine Zerstreutheit — daher
(ausbrechend), und ich wußte das nicht, ich ahnte nichts
davon!

Cantal.

Du wußtest nichts! — Was ist das für eine Frau,
die von des Mannes Sorgen nichts weiß, die nicht auf
seinem Gesichte jede Stimmung seines Gemüthes zu lesen
weiß? Geh, geh, Du hast keine Entschuldigung.

Eugenie.

Wahr! wahr!

Cantal.

Du weißt auch nicht, daß er halbe Nächte in sorgen=
voller Arbeit verbracht hat?

Eugenie.

Was sagen Sie?

Cantal.

Und womit denkst Du, daß er sich beschäftigt hat?
— (Mit der Bewegung des Fadendrehens.) Mit spinnen, ja ja mit
spinnen. Das ist freilich prosaisch, aber (die Zeichnung Ha=
velins, aus dem ersten Akte, aus der Tasche ziehend) er hat eine
Spinnmaschine erfunden, die ihn berühmt machen und
unsrer ganzen Fabrikation einen neuen Schwung geben
kann. — Und wie einfach ist seine Vorrichtung! Bau=
doin hat mir die Zeichnung gegeben. Denke Dir, an der
Spindel läuft so quer über — (er zeigt es ihr mit den Fingern,
stampft mit dem Fuße.) Ach Du verstehst das leider nicht, es
ist ein Unglück! — Aber diese Erfindung wird Epoche
machen, sage ich Dir, es ist ein industrieller Sieg, für
die Nation mehr werth, als hundert gewonnene Schlach=
ten. — Nein ich kannte Havelin gar nicht bis zum heu=
tigen Tage, ich liebte ihn um seines edlen Herzens wil=
len, von heut' an aber verehre, bewundre ich sein Genie!

Eugenie.

Und ich habe nichts errathen! Von all' seinen Lei=
den, seinen Arbeiten nichts! Und während er Tag und
Nacht in Sorge und Arbeit für uns sich erschöpfte, be=

schuldigte ich ihn des Kaltsinnes, und verlor mich in mü=
ßigen Träumereien.

Cantal.

Nun, freilich, ja. — Mit Deinem Herrn Lambert.

Eugenie (schlägt die Hände vor die Augen).

Ah!

Cantal.

Der sich hier unterhielt Elegien zu deklamiren und
Sternblumen zu zupfen, während Havelin seine Schul=
den bezahlte.

Eugenie.

Was sagen Sie?

Cantal.

Nun was ich so eben gehört. Noch diesen Morgen
hat Heinrich zwei Wechsel von Lambert vernichtet, die,
wenn sie in andre Hände gewandert wären, ihn arg in's
Gedränge gebracht hätten.

Eugenie (ergriffen).

Ach, so viel Großmuth! —

Cantal.

Ist sie Dir etwas Neues? Den Fabrikarbeitern Dei=
nes Mannes ist sie es nicht. Ich komme so eben aus einer
Versammlung der Leute, da habe ich von Havelin reden
gehört! Meiner Treu, die Leute kennen ihn durch und
durch — und sind doch nicht mit ihm verheirathet.

Eugenie.

O!

Cantal.

Gleich nach Deines Mannes Abreise hatte sich das Gerücht von seinem Fallissement verbreitet. In der Geschäftswelt giebt es immer so gewisse intime Freunde, die, mit Thränen im Auge, recht rasch herum bringen, was unsern Kredit zerstört. Sobald es in der Fabrik bekannt wurde, sind Alle zusammengetreten, auf der Stelle, Kommis, Werkmeister, Arbeiter, Alle, und haben einstimmig beschlossen, einen Tag in der Woche umsonst zu arbeiten, bis Havelin sich wieder arrangirt habe.

Eugenie.

O die braven Menschen!

Cantal.

Und weißt Du, mein Kind, was das heißt, wenn Leute, die mit ihren Familien von der Hand in den Mund leben, den sechsten Theil ihres Erwerbes aufopfern, bloß um ihren Herrn zu behalten? Weißt Du, was das für ein Herr seyn muß, der solche aufopfernde Anhänglichkeit erworben hat? — Zum Henker, ich meine, in diesem Vorgange ist auch Poesie; mich wenigstens hat er wahrhaft erhoben. Und solch einen Mann soll man nicht lieben, nicht glücklich machen? Einen Mann, der solch eine Spinnmaschine erfunden hat? — Ich, siehst Du, seit den zwei Stunden, daß ich das Alles erfahren habe, seit ich weiß, was er gethan und gelitten hat — ich bin ganz außer mir — (die Thränen bekämpfend) ich

möchte ihn — ach, wäre er nur da, daß ich ihm we=
nigstens um den Hals fallen könnte!

            Eugenie (hingerissen).

Ja, ja, er verdient alles Glück, alle Freuden dieser
Erde! Der Schleier fällt von meinen Augen und Hein=
richs edle, bescheidene Seele steht in all' ihrer Schönheit
vor mir. Seine Tugenden verbarg er, wie Andre ihre La=
ster bergen; ach warum habe ich ihn nicht früher ver=
standen!

            Cantal (nimmt ihre Hand).

Es ist noch Zeit, Eugenie, es ist noch Zeit wieder
gut zu machen. Da warst verblendet, unsinnig — werde
wieder vernünftig. Schlage die Augen nicht nieder, ich
will Dich an nichts erinnern, ich weiß von nichts — von
gar nichts, als von Deiner Reue: Heinrich verkannt zu
haben, und Deinem Wunsche ihn glücklich zu machen. —
Denn das willst Du doch, nicht wahr?

            Eugenie (sich in seine Arme werfend).

Oh, mein Onkel!

            Cantal.

Gut, gut. — Auf alle Weise bin ich zu rechter Zeit
hieher gekommen. — Nun aber keine Thränen mehr,
keine Seufzer. Heinrich kommt bald zurück, empfange
ihn, wie er es verdient.

            Eugenie.

Das will ich, das will ich, Onkel, mit aller Zärt=
lichkeit eines neu belebten Herzens. Jede Regung seiner

Seele will ich fortan theilen, er soll, er muß in meiner Liebe wieder glücklich und zufrieden seyn!

Cantal.

Bleib bei diesen guten Vorsätzen. Ich will nun handeln für Heinrichs äußere Lage, wenn es noch Zeit ist, sorge Du für den Frieden seines Herzens. Kopf in die Höh', mein Kind, ein guter Vorsatz giebt frischen Muth, und rechte Liebe macht Alles gut. Auf Wiedersehn, mein Kind! (Ab.)

Vierter Auftritt.

Eugenie, bald darauf Havelin.

Eugenie.

Mein guter Onkel! wärst Du immer bei uns gewesen, keine Unbesonnenheit hätte mich hingerissen, nie hätte ich Heinrich mißverstanden. Aber wir begehren gar zu lange von unsern Männern die aufmerksame Zärtlichkeit des Bräutigams, und schelten sie kalt, wenn wir nicht mehr ausschließlich all' ihre Gedanken beschäftigen. — Und die Sorge um mich, um unsre Kinder konnte ich so mißdeuten! Ich wähnte, daß er mich nicht ganz verstehen könne und erkenne nun, daß ich es nicht vermag zu ihm mich zu erheben. — Doch er liebt mich, er wird mich — aber was wollte sein Abschiedsblick sagen? Wie viel weiß er von meiner

Unbesonnenheit? — Wenn er erführe, daß ich Lambert geschrieben habe — schrecklich! — doch still, — ein Wagen hält, — das ist sein Schritt, — er kommt.

Havelin (tritt ein).

Eugenie (eilt ihm mit offnen Armen entgegen).
Ah Du bist's!

Havelin (gemessen).
Ich bin's. — Hast Du mich erwartet?

Eugenie (eingeschüchtert).
Heinrich, was meinst Du? (Lebhafter) O verhehle mir nun nichts mehr, ich weiß weshalb Du in Rouen warst.

Havelin.
Schon? — So weißt Du wohl auch, daß ich meinen Gläubigern Alles übergeben habe, was ich besaß. (Schärfer.) Aber ich war auch in Fleury.

Eugenie.
Wie?

Havelin.
Ich hoffte Lambert dort zu treffen.

Eugenie (für sich).
Was meint er?

Havelin.
Doch ich kam zu spät. Luise hatte ihm schon Deinen Brief gebracht.

Eugenie (für sich).
O mein Gott!

Havelin.

Ohne Zweifel war dies die Antwort auf sein Billet, das er Dir im Skizzenbuche gesandt hat — und das ich in Händen gehabt.

Eugenie (vernichtet).

Er weiß Alles.

Havelin.

O beunruhige Dich nicht, ich bin nicht gekommen Dir Vorwürfe zu machen. In der ersten Stunde habe ich gelitten, — gelitten — oh! — Dann wollte ich es nicht glauben — mein Herz, mein thörichtes Herz wollte Dich vertheidigen, bis alle Umstände, alle Erinnerungen zu mächtig dagegen sprachen, und ich jetzt in Fleury volle Gewißheit erhielt.

Eugenie.

Heinrich —

Havelin.

O vertheidige Dich nicht, Du hast das nicht nöthig, Du hattest ein Recht mich zu verrathen, ich weiß. Kann ich denn die schwärmerischen Regungen Deines Herzens verstehen und würdigen? Bin ich nicht ein Kaufmann, ein Fabrikant, ein Ziffernmensch? Konntest Du meiner noch gedenken, wenn Lambert da war? — (In zorniger Aufwallung.) Lambert! — (Gefaßt und bitter.) Und das sind die Menschen, denen die Weiberherzen entgegen fliegen. O mein Gott! Bleichet Euer Haar in Sorgen und Nachtwachen, seyd redlich, treu und zuverlässig, setzt Euer gan=

zes Leben an ein weiblich Herz — und es kommt einer
jener müßigen Träumer, mit bleichen Wangen und
schmachtenden Blicken, prunkt mit Schmerz und Zerrissen=
heit — und das Weib Eures Herzens, in dessen Hut Ihr
Alles hingegeben, Glück und Ehre, Freude und Frieden,
Alles, Alles — sie verräth Euch!

Eugenie (entsetzt).

Heinrich, nein, das ist nicht wahr! — Höre mich
— Heinrich, Du mußt mich hören; ich bin nicht so
schuldig, als Du glaubst. Ich war verblendet, wahnsin=
nig, vergessen hatte ich, wie treu und gut und edel Du
bist — meine Gedanken waren Dir untreu; meine Fan=
tasie, aber niemals mein Herz. Nur Mitleid habe ich für
den Unseligen gefühlt —-

Havelin.

Und aus Mitleid gabst Du ihm Rendezvous hinter
Deines Mannes Rücken? — Brauchtest Du Dich des
Mitleids vor mir zu schämen?

Eugenie (unwillig auf sich selbst).

Ich war unsinnig, Heinrich, unbesonnen und ver=
kehrt habe ich gehandelt. (Weich) Du weißt ja, ich handle
immer thöricht, wenn Du mir nicht räthst. Aber kannst
Du mir meinen Irrthum nicht verzeihen? — Heinrich,
wende Dich nicht ab — (verzweifelnd) Heinrich — Du
glaubst mir nicht?

Havelin.

Klage Dich allein deshalb an.   Du hast in mei=

nem Herzen das Vertrauen erstickt, ich kann Dir nicht mehr glauben.

Eugenie (außer sich).

Aber was habe ich denn gethan?

Havelin (ungestüm).

Was Du gethan hast? — (Sich mäßigend.) Ich will es Dir sagen. — Du hast zwei Monate lang einen Mann in Deiner Nähe geduldet, der Dir von Liebe sprach; Du hast ganze Stunden mit ihm allein zugebracht, er hat Dir heimliche Briefe geschrieben, Du hast sie beantwortet, hast ihm Zusammenkünfte gewährt; als dieser Mann uns verlassen wollte, hast Du ihn zurückzuhalten gesucht — denn ich erinnere mich jetzt jedes Umstandes — und als er endlich abgereist ist, hast Du ihm nachgeweint! — Das ist's, das, was Du gethan hast — oder vielmehr das ist's, was ich davon weiß.

Eugenie (sinkt auf den Stuhl, an dem sie steht).

Oh!

Havelin.

Glaube nicht, daß ich mir verhehle, wie weit ich selber dabei schuldig bin. Ich hätte Dich nicht bis heute schonen, ich hätte Dich zur Vertrauten meiner Sorgen machen sollen, das hätte Dich Deinen verführerischen Schwärmereien entrissen, im Kampfe gegen die Wirklichkeit wäre Dein Herz wohl erstarkt, und hätte sich mir vielleicht um so inniger angeschlossen, weil ich nicht glücklich war.

Eugenie (begeistert).

Gewiß, gewiß, das hätte es!

Havelin (abweisend).

Ich habe gefehlt, und ich büße dafür. Aber weil
meine Zärtlichkeit Dir jeden trüben Augenblick ersparen
wollte, habe ich dafür verdient betrogen und beschimpft
zu werden?

Eugenie (will reden).

Heinrich —

Havelin.

O, Du weißt nicht, was Du mir damit gethan! —
Du hast nicht nur Gegenwart und Zukunft meines Lebens
zerstört, Du hast auch den Zweifel in mein vergangnes
Glück geworfen, hast meine theuersten Erinnerungen ver-
giftet.

Eugenie (immer heftig weinend).

Mein Gott, mein Gott! — Wenn alle meine Thränen, meine Betheuerungen Dir nichts gelten, wenn mich
nichts mehr vor Dir rechtfertigen kann — O dann ist's
ja besser zu sterben! So können wir doch nicht leben, es
ist ja unmöglich!

Havelin (gesammelt).

Du hast Recht, das ist auch meine Ueberzeugung. —
Da ich meinen Gläubigern meine Lage deklarirte, haben
die Gebrüder Arnaur mir sogleich die Leitung ihres
Comptoirs in Philadelphia angeboten. Ich habe es angenommen.

Eugenie.

Du?

Havelin.

Meine jetzige Lage rechtfertigt meine Abreise vor den Augen der Welt, — laß Du keine andere Ursache vermuthen. — Dein Heirathsgut ist gesichert, es wird für Dich genügen um still und sorglos zu leben. — Was die Kinder betrifft — (Eugenie stößt einen Schmerzenslaut aus) — ich lasse sie Dir — trachte, daß sie fromm und gut werden, damit, wenn sie einmal nicht glücklich seyn sollten — denn die Glücklichen sind selten — sie doch verdienen es zu seyn.

Eugenie (wimmernd).

Habe doch Erbarmen! —

Havelin (mühsam).

O unterbrich mich nicht, wir müssen zu Ende kommen. — So lange der Onkel lebt, wird er Dir mit Rath und That — aber Du hörst mich nicht — Du weinst.

Eugenie (schluchzend).

Wie kann ich denn — (sie vermag nicht weiter zu reden).

Havelin.

Und doch müssen wir in dieser Stunde alle Anordnungen besprechen, wir sehen uns zum letzten Male.

Eugenie (auf ihn zu stürzend).

Nein Du darfst nicht fortreisen — oder wenn Du reisest, folge ich Dir — Du kannst mir es nicht wehren — ich habe ein Recht —

Havelin (sieht sie an).

Eugenie (demüthig).

Nein, nein, ich habe kein Recht mehr an Dich, aber ich bitte Dich, auf meinen Knieen bitte ich Dich! — (Sie wirft sich auf beide Kniee vor ihm nieder.)

Havelin.

Was thust Du?

Eugenie.

So, so muß ich jetzt zu Dir reden. Strafe meine Thorheit, wie ein Verbrechen, ich unterwerfe mich allem, was Du über mich verhängst, nur verstoße mich nicht von Dir! Heinrich, ich verlange Deine Verzeihung nicht, laß mir nur einen Schein von Hoffnung!

Havelin.

Wieder diese Ueberspannung! — Steh' auf!

Eugenie (ergreift die Hand, mit welcher er sie erheben will).

Nein — versprich mir erst, daß Du mich nicht ver=laffen willst. (Bedeckt seine Hand mit Küssen.) Du bist unglück=lich und ich soll nicht bei Dir seyn? — Ein Wort — einen Blick nur! — Gott im Himmel, wie kannst Du mich haffen und haft mich doch sonst so sehr geliebt.

Havelin (erschüttert).

Genug, genug!

Eugenie (mit einem Freudenschrei).

Ah! Du weinst?

Havelin.

Ja, Unglückliche, ich weine um unser verlorenes

Glück! — O glaube nicht, daß diese Thränen meinen Beschluß erschüttern können, mein Vertrauen zu Dir ist dahin. — Ich verzeihe Dir, Eugenie, aber wir müssen scheiden! (Er will fort.)

Eugenie (springt auf).

Ein Wort noch —

Havelin.

Laß uns doch die Qual dieser Stunde nicht nutzlos verlängern. — Erinnere Dich, daß unsre Schmerzen uns nicht zur Ehre gereichen; darum verbirg Deine Thränen, wie ich die meinigen verbergen will — und wenn Du kannst sey glücklich! (Er wendet sich nach dem Cabinette.)

Eugenie (eilt ihm voraus, stellt sich vor die Thür mit ausgebreiteten Armen).

Ich lasse Dich nicht, Heinrich!

Havelin (zwei Schritte von der Thür kalt und höflich).

Ich bitte.

Eugenie.

Ah! (Sie weicht zur Seite, schlägt die Hände vor's Gesicht und drückt sich in den Winkel dicht an der Thür).

Havelin (gepreßt).

Leb' wohl! (Er geht dicht an ihr vorüber in's Cabinet.)

Fünfter Auftritt.

Eugenie, bald darauf Lambert.

Eugenie (die Arme sinken ihr nieder).

Verloren! — Verloren! — (Sie kommt vor.) Kein
Mittel ihn zu überzeugen, er glaubt mir nicht mehr, er ver=
giebt mir und reist ab — ich bin verloren! Und niemand ist,
der mich bei ihm vertritt, keine Stimme spricht für mich!
(Sie hat das offene Fenster im Vorgrunde links erreicht, lehnt sich er=
mattet daran.) O könnten Mond und Sterne für mich zeu=
gen, könnten sie ihm sagen, daß Herz und Sinne nie von
ihm verirrten, daß ich ihn nicht verrathen habe. — (Sie
fährt zurück mit einem leisen Schrei.) Ha — täuscht mich das
Mondenlicht? — Ein Mann schleicht zum Fenster heran
— wenn er! — welch Geräusch? Er steigt das Spalier
herauf — (Lambert erscheint im Fenster.) Lambert! — Ent=
setzlich!

Lambert (springt in's Zimmer).

Eugenie!

Eugenie (mit gedämpfter Stimme in der Hast der Todesangst).

Was wollen Sie, mein Herr, was wollen Sie?

Lambert (ebenfalls gedämpft)

Sie suche ich, wen sonst?

Eugenie.

Mein Mann ist hier.

Lambert.

Ich weiß.

Eugenie.

Und Sie wagen es? —

Lambert.

Hören Sie mich! — Ich wollte reisen, wie Sie es mir geboten, als ich Franz im Dorfe traf, und von ihm erfuhr, daß Havelin meinen Brief gelesen hatte. Bei dieser Nachricht hatte ich keinen andern Gedanken, als daß ich Sie dem Zorne ihres Gatten ausgesetzt zurückließe.

Eugenie.

Aber sehen Sie nicht, daß Sie mein Verderben vollenden?

Lambert.

Ich komme Sie zu retten.

Eugenie.

Sie?

Lambert.

Sie haben Havelin's Vertrauen für immer verloren, er glaubt sich betrogen, das verzeiht ein Mann niemals. Er wird Sie verachten, Sie werden in diesem Hause nimmer Friede und Freude wiederfinden — Eugenie, retten Sie sich aus dieser Hölle durch die Flucht.

Eugenie.

Flucht! (Das Gespräch ist nun rücksichtslos laut, man sieht die Thür von Havelin's Cabinet sich bewegen, nach und nach wird er selbst immer sichtbarer.)

Lambert.

O klagen Sie mich nicht an, Sie zu diesem Aeußersten getrieben zu haben, Ihr Vorwurf würde meinen

Muth lähmen, und ich bedarf seiner für Sie. Mein gan=
zes Daseyn weihe ich Ihnen zum Ersatz für das, was
meine Leidenschaft Ihnen geraubt hat, ich will gut ma=
chen, Eugenie, ich will, o folgen Sie mir! (Er nähert sich
ihr.)

Eugenie.

Rühren Sie mich nicht an! — Sie sind entsetzlich!
— Was wagen Sie mir anzubieten? — Der Strafe für
meinen Leichtsinn soll ich mich entziehen durch ein Verbre=
chen? Ich weiß, daß all mein Lebensglück dahin ist, ich
weiß, daß Heinrich's Zorn, seine Verachtung mich ver=
nichten wird, ich weiß, daß sie mich unverschuldet treffen
— aber niemals werde ich seinen Namen beschimpfen!
Welch ein Recht habe ich Ihnen gegeben, mein Herr, mir
solche entehrende Anträge zu machen, reden Sie, welch
ein Recht.

Lambert.

Das ewige Recht, mit dem die Sympathie der Her=
zen bindet! Eugenie, Sie wissen, wie ich Sie liebe —

Eugenie (ungestüm).

Aber ich liebe Sie nicht, mein Herr! Nie habe ich
Sie geliebt! —

Lambert (betroffen).

Ah!

Eugenie (stürmisch fortfahrend).

Wann habe ich Ihnen Hoffnung auf Gegenliebe ge=
geben? Durch welches Wort, durch welchen Blick? Re=

ben Sie! Schwärmerische Ueberspannung hat mich zu Ihnen gezogen, Ihre Neigung hat mir geschmeichelt, Ihre Schwermuth mich gerührt, vom Selbstmorde wollte ich Sie abhalten, aber nie habe ich Ihre verbrecherische Liebe erwidert.

Lambert (verzweiflungsvoll).

Auch hier getäuscht.

Eugenie.

Ich darf Sie nicht schonen, Unglücklicher, nicht einen Schimmer Ihres Irrthumes dürfen Sie mit sich neh=men; ich muß vor mir selbst, ich muß vor Ihnen ge=rechtfertigt seyn. Ich liebe meinen Gatten, nur ihn, und wenn ich in meiner Thorheit ihn verkannte, so habe ich nun seine edle große Seele, sein schönes starkes Herz voll=kommen erkannt, und liebe ihn nun mehr, mehr als in den süßesten Stunden unsres ungetrübten Glückes!

Lambert.

Grausame! —

Eugenie.

Nun wissen Sie Alles, eilen Sie hinweg! (Bittend.) Machen Sie mein Unglück nicht größer! Heinrich kann Sie sehen, er würde ein neues Verbrechen argwöhnen. — (Dringend.) Im Namen des Allbarmherzigen fort! fort! (Sie treibt ihn nach der Mittelthür, Havelin stürzt aus dem Cabinett, vertritt ihm den Weg.)

Eugenie (schreit auf).

Jesus!

————

Sechster Auftritt.

Eugenie. Lambert. Havelin.

Havelin (nach einer Pause, in welcher er dem bestürzten Lambert fest gegenüber steht, zu Eugenien).

Warum erschrickst Du? — Ich habe Alles gehört (reicht ihr die Hand) Du bist mein liebes Weib!

Eugenie (wirft sich auf seine Hand, bedeckt sie mit Küssen).

Ah!

Havelin (zurückgehalten).

Ich habe mich der Rückkehr des Herrn zu freuen, denn ich verdanke ihr die Erkenntniß der Wahrheit, die Ruhe meines künftigen Lebens. (Weniger mäßig) Schon fürchtete ich, er werde schwer zu finden seyn, und dennoch — hatte ich mit ihm zu sprechen.

Lambert (mit gesenktem Blick).

Ich muß Deine Vorwürfe ertragen.

Havelin. (hat sich von Eugeniens Hand freundlich losgemacht, sie ist weiter vor und von den Männern hinweggetreten).

Vorwürfe? Weshalb? Weil Sie versucht haben eine Frau zu verderben, die unter der Hut Ihrer Ehre hätte stehen sollen? Weil Sie meine Gastfreundschaft mit Schimpf und Schande vergelten wollten?

Lambert.

Havelin!

Havelin.

Aber Ihres Gleichen sucht ja einen Ruhm in solchen geistreichen Nichtswürdigkeiten.

Lambert (fährt auf).

Havelin! — (Gemäßigt.) Wer so viele Vortheile über seinen Gegner hat, sollte sie nicht mißbrauchen.

Havelin.

Es ist wahr. — (Indem er zu Eugenien tritt, bei ihm vorübergehend, halblaut.) Erwarten Sie mich am Gartenhause, ich bringe Waffen. (Laut in formeller Höflichkeit.) Verlassen Sie uns, mein Herr.

Eugenie (für sich, rasch)

Was sagt er ihm?

Lambert.

Sie wollen es? (Er verbeugt sich, will fort.)

Eugenie (haftig).

Lambert, Sie bleiben! — (Sie tritt zwischen Beide.) Was habt Ihr vor? — Ihr wollt Euch schlagen, ich weiß es —

Havelin.

Nicht doch —

Eugenie.

Ja, ja, läugne nicht. — Du glaubst mir, Heinrich, Du liebst mich wieder, was soll der Zweikampf jetzt?

Havelin (winkt Lambert mit einer Kopfbewegung, zu gehn, dieser will fort).

Eugenie (stürzt auf Lambert zu und ergreift ihn beim Arm).

Sie bleiben, Lambert! Sie schwören hier zur Stelle jede Feindschaft gegen Heinrich ab —

Zugleich und sehr rasch.
$\left\{\begin{array}{l}\end{array}\right.$
Lambert.

Madame, nicht ich begehre diesen —

Havelin.

Eugenie, ich befehle Dir —

Eugenie (außer sich).

Nein, nein! nein! Es darf um mich kein Blut flie=
ßen. Mir gehört Dein Leben, Heinrich, mir, Du mußt
es mir laſſen, (ſich an ſeinen Hals klammernd) ich habe ja ſo
viel daran wieder gut zu machen!

———————

Siebenter Auftritt.

Vorige. Cantal.

Cantal.

Was giebt's denn hier?

Eugenie.

Helfen Sie mir, Onkel, ſie wollen ſich ſchlagen.

Cantal.

Ei das werden ſie bleiben laſſen.

Lambert.

Madame, ich ſchwöre Ihnen, daß Ihres Gatten Le=
ben mir heilig iſt.

Cantal.

Und ich glaube Ihnen das, mein Herr. An Ihrem Herzen habe ich nie gezweifelt, nur Ihr Kopf ist ein wenig überspannt. — Verzeihen Sie meine Freimüthigkeit. (Zu Havelin.) Und wollten Sie einen Mann angreifen, der sich nicht vertheidigen würde? Wollen Sie einem jungen Menschen mit seinem Leben die Gelegenheit nehmen, seine Jugendfehler wieder gut zu machen? Und soll durch Euer Duell die ganze Welt erfahren, was hier vorgegangen ist?

Havelin (für sich).

Es ist wahr.

Cantal (zu Havelin und Eugenie).

Ich sehe Ihr seyd versöhnt, seyd glücklich, was wollt Ihr mehr? — Allons mein Freund, fort mit den Rachegedanken, ein edles Herz weiß zu verzeihen.

Lambert (tief erschüttert.)

Ich danke Ihnen, mein Herr, für Ihr Bemühen, aber ich verdiene Heinrich's Vergebung nicht. Lassen Sie mich mit seiner Verachtung beladen von bannen gehen, es soll eine Zeit kommen, ich schwöre es, wo Sie Alle mich wieder achten werden. (er geht.)

Cantal.

Brav, junger Mann, das heißt wohl gesprochen!

Havelin (ruft ihm nach).

Alfred!

Lambert (bleibt in der Thüre stehen).

Havelin (ſtreckt die Hand nach ihm aus).

Wir verachten Dich nicht.

Lambert (ſtürzt ein Paar Schritte auf Havelin zu, als wollte er die Hand ergreifen, hält inne, bedeckt die Augen mit der Hand, winkt dann zum Abſchiede).

Gott ſey mit Euch! (und eilt ab.)

Letzter Auftritt.

Vorige, ohne Lambert.

Cantal (gerührt).

Der hat eine Lection bekommen für ſein ganzes Leben.

Eugenie.

Mein engelguter Mann! (Umarmung.)

Cantal.

Nun aber haben wir etwas mit einander. Was iſt das, Havelin, Sie ſind ruinirt und ſagen mir nichts davon?

Havelin.

Ich wollte Sie nicht —

Cantal.

Sie erfinden eine Maſchine, die Sie vielleicht zum Millionair macht, und ſuchen wohl einen andren Aſſocié dazu als mich?

Havelin.

Ich habe den Plan aufgegeben —

Cantal.

Nicht doch, das leide ich nicht, solch ein Gewinn muß in der Familie bleiben. Ihre Erfindung ist sublim! Diese einfache Vorrichtung — diese — (Nimmt ihn beim Kopf und küßt ihn.) Mensch wo hast Du den Einfall her? — Ich habe mich, ohne Sie zu fragen, zu Ihrem Compagnon erklärt, und bereits Bauboin mit den nöthigen Fonds nach Rouen geschickt, um all Ihre Anordnungen rückgängig zu machen.

Havelin.

Das darf ich nicht annehmen, Sie wollten sich zur Ruh setzen —

Cantal.

Dummes Zeug! ich war nicht gescheut. Ein Strumpf= wirker wie ich muß hinter dem Comptoirtische sterben. Mein Glück will ich machen mit Ihnen. Zum Henker! wollen Sie mich daran hindern?

Havelin.

Ich sehe wohl, ich muß mich Ihrer Großmuth ge= fangen geben.

Eugenie.

Ja mein Onkel, bleiben Sie bei uns, seyn Sie unser Schutzengel.

Cantal.

Euer Schutzengel? nun ja, anstatt der Flügel will ich das Hauptbuch und die Strazze über Euch halten, und hier, (aufs Herz deutend) hier könnt Ihr zu jeder Stunde ein immenses Kapital von treuer Liebe finden.

(Der Vorhang fällt.)

Die Kirmeß.

Komische Oper in einem Aufzuge.

1831.

Personen.

———— ————

Anton.
Hans.
Suschen.
Ihre Mutter.
Der Gerichtsvogt.
Der Schenkwirth.
Bauern und Bäuerinnen, Musikanten, der Gerichtsschreiber,
  zwei Büttel.

Das Costüm bezeichnet Süd=Deutschland und das 18te Jahrhundert.

Erste Scene.

Ländliche Gegend. Im Hintergrunde der Kirmeßbaum mit großer bunter Krone. Zur Seite die Schenke, mit grünem Kranz geschmückt. An den Tischen im Hintergrunde sitzen mehrere Bauern und Bäuerinnen. Im Vorgrunde, auf der Seite der Schenke, an einem Tische, auf dem Kanne und Gläser, sitzen Anton und Hans. Auf der andren Seite sitzt der Vogt, vor ihm steht der Schenkwirth, mit abgezogener Mütze, aus einer Kanne dem Vogt einschenkend

Terzett.

Hans (zu Anton).

Trink aus! trink aus! ich schenke wieder ein,
Du mußt mir heute fröhlich seyn.
Denn Kirchweih ist nicht alle Tage,
Drum laß auf morgen Noth und Plage.

Anton.

O laß, o laß! verschwende nicht den Wein,
Ich kann ja doch nicht fröhlich seyn.
Mir kommt mit jedem neuen Tage
Der alte Gram, die alte Plage.

Vogt (zum Wirth).

Ich schärf' es Euch noch einmal ein:
Nicht zu verfälscht sey Bier und Wein,
Und daß niemand am heut'gen Tage
Sich über schlechtes Maaß beklage!

(Er hält das leere Glas hin, der Wirth macht einen Kratzfuß und schenkt ein.)

Hans.

(sich zutraulich zu Anton neigend).

Auch kannst Du ruhig seyn,
Dein sprödes Mägdelein
Du wirst es doch noch frei'n.

Vogt.

Auch das rath' ich fein,
Keine Prügelei'n!
Sonst fahr' ich grimmig drein!

(hält wieder das Glas hin, der Wirth, mit tieferem Kratzfuß, schenkt ein.)

Hans (zu Anton).

Stoß an, stoß an! Ich bringe Dir es zu!

Anton.

O schweige doch, laß mich in Ruh!

Hans.

Trink aus, trink aus! Ich schenke wieder ein,
Du mußt mir heute fröhlich seyn.
Denn Kirchweih ist nicht alle Tage,
Drum laß auf morgen Noth und Plage.

Anton.

O laß, o laß! Verschwende nicht den Wein,
Ich kann ja doch nicht fröhlich seyn.
Mir kommt mit jedem neuen Tage
Der alte Gram, die alte Plage.

Vogt.

Demnach habt Acht auf Bier und Wein.
Mit Maaßen soll man fröhlich seyn.
Und seht Euch vor, daß niemand klage,
Daß niemand zanke, niemand schlage.

(Die Bauern entfernen sich von der Bühne. Der Wirth geht
in die Schenke.)

Hans.

Wenn Du nur Vernunft annehmen wolltest, so würde Alles gut werden. Das Mädel hat Dich doch im Grunde ihres Herzens lieb.

Anton (bitter).

Ja man merkt's ihr an.

Hans.

Ich verwette mein bestes Joch Ochsen: Suschen ist ganz vernarrt in Dich; aber so eine trotzige, wilde Hummel, als sie ist, giebt sich nicht so gleich, mit der muß man manierlich reden.

Anton.

Ja jeder Andre kann mit ihr reden, nur ich nicht, dem sie nichts als boshafte Antworten giebt.

Hans.

Zum Henker! Du lauerst auch auf jedes Wort und bist dann auch nicht fein, da muß sie wohl kopfscheu werden.

Anton.

Ei ja, ein Grund ist leicht gefunden. — Ich weiß schon, sie kann mich nun einmal nicht leiden und da ist Alles vergebens.

Hans.

Dich nicht leiden? — Als der Stier Dich neulich niederwarf, hast Du etwa nicht gehört, wie sie vor Angst weinte und schrie?

Anton.

Ah pah! — die Weiber kreischen Alle, wenn es wo

20*

hart hergeht. Aber als ich den Stier gebändigt hatte,
zu ihr trat und wie sie so blaß dastand, sie fragt: Du
hast Dich wol recht erschrocken, Suschen? — sagt sie
bloß: „ach nein‟, und zieht mir die Hand weg, dann
kehrt sie kurz um, ruft: „die Milch kocht mir über‟
und rennt in's Haus. Gott's Donner! Indeß der Stier
mir fast die Rippen zerbrach, hätte die Milch anbrennen
können, das wäre ja schade gewesen!

Hans.

Aber Du legst das anders aus.

Anton.

Ich lege es aus? — daß Dich! — Ganze Tage könnte
ich Dir Geschichten von ihrer Lieblosigkeit erzählen. Erst
gestern Abend, als ich das Heu einfahre, sehe ich sie am
Brunnen steh'n und vergebens nach der Brunnenstange
langen. Der schiele Jürgen tränkte dicht dabei. Und sie steht
und reckt und reckt die Arme nach der Brunnenstange und
kann sie nicht fassen. Ich 'runter vom Gaul und hin.
Soll ich Dir helfen, Suschen? rufe ich schon von Wei=
tem, kaum aber sieht sie mich kommen, so bittet sie ge=
schwind Jürgen darum und wie ich herankomme, sagt
sie kurzab: „dank' schön, Jürgen hat mir schon gehol=
fen.‟ Siehst Du, bloß daß ich's ihr nicht thun sollte,
läßt sie sich lieber vom schielen Jürgen helfen und thut
dann freundlich mit ihm, wie ein Maikätzchen. Bloß
mir zum Aerger. Mordtausendsapperment! Ich möchte
toll werden! (er springt auf.)

Hans (steht auch auf).

Aber so höre nur —

Vogt

(ist schon früher näher getreten, hat, den Stock in die Seite gestützt, zugehört).

Laßt ihn, Hans. Anton hat ganz Recht, und er sollte die einfältige Person ganz und gar laufen lassen.

Anton (stutzig).

Wie so denn?

Vogt.

Das fragt Ihr noch? Weil sie Euch offenbar zum Narren hat. Aber das hat sie von ihrer Mutter, die hat es zu ihrer Zeit gerade so mit mir gemacht. Doch Ihr solltet Euch nicht so bei der Nase führen lassen, judicium proprium müßte Euch das schon sagen.

Anton.

Ich kenne den nicht, von dem Ihr da sprecht, aber der so wenig als ein Andrer braucht sich um mich zu bekümmern, und um Suschen gar nicht.

Hans.

Seht gestrenger Herr Vogt, ein jeder hat seine Liebschaft auf eigne Art.

Vogt (zu Anton).

Was sind denn das für Reden? Ich sage ja, daß Ihr mit allem Fug und Recht auf die Dirne erboßt seyd, denn mulier taceat in ecclesia, d. h. das Frauenzimmer soll pariren und kein loses Maul haben, aber diese Suse

Haberlein giebt der Obrigkeit nicht einmal den gehörigen
Respekt. Erst neulich komme ich —

Anton.

Ich sage, daß niemand Suschen was Böses nach=
reden kann.

Vogt.

Da mögt Ihr Recht haben.

Anton.

Es ist ein ehrliches, braves Mädchen.

Vogt.

Gut, gut, ich bin Eurer Meinung, aber es ist ein
schnippisches, boshaftes Ding, auch darin habt Ihr Recht.

Anton (losplatzend).

Ich brauche gar nicht Recht zu haben, Ihr sollt auch
nicht meiner Meinung seyn und sollt Suschen ungescholo=
ten lassen!

Vogt.

Ist er denn toll geworden, der Bursche? ich sage ja —

Terzett.

Anton.

Nichts sollt Ihr sagen,
Ich kann's nicht ertragen
Suschen gescholten zu sehn!

Hans.

Laß Dir doch sagen.
Solch ein Betragen
Kommt Dir noch theuer zu stehn.

Vogt.

Welch ein Betragen!
Wie auf's Maul geschlagen
Läßt mich der Bursche hier stehn.
Verhöhnt mich der Tropf?

Hans.

Er hat was im Kopf.

Vogt.

Werd' ich für'n Narren gehalten?

Hans.

Glaubt mir, es bleibt beim Alten.

Anton.

Kränkt Suschen mich gleich,
Was kümmert's Euch?
Laßt mir meinen Aerger allein
Und mischt Euch nicht hinein!

Vogt (hebt den Stock).

Will er wol stille seyn!

Hans (hält Anton den Mund zu).

Wirst Du wol stille seyn!

Anton.

Mag mir was da will geschehn,
Niemand soll sich unterstehn
Mir das süße Kind zu schmähn!

Hans.

Kann man größ're Tollheit sehn?
Ja, Verliebten beizustehn
Muß Einem wol die Lust vergehn.

Vogt.

So die Obrigkeit zu schmähn!
Warte Bursche, Du sollst sehn
Das kommt Dir noch schlimm zu stehn!

Hans.

Strenger Herr!

Vogt.

Der Grobian!

Ich will ihn—!

Hans.

Hört ihn nicht an.

Vogt.

Hasenfuß!

Hans.

Ihr wißt, wie blind —

Vogt.

Großmaul Du!

Hans.

Verliebte sind.

Anton.

Ja ich behaupte es frei,
Daß Suschen die Beste im Dorfe sey!

Redlich und fromm
Fleißig und treu
Verständig dabei
Bescheiden und gut
Von fröhlichem Muth —

Vogt (endlich losbrechend).

Meinethalb sey sie ein Engel
Mir ist's einerlei.
Ihr aber seyd ein grober Bengel —
— Damit ist's vorbei!

Anton.

Mag mir was da will geschehn,
Niemand soll sich unterstehn
Mir das süße Kind zu schmähn!

Hans.

Kann man größ're Narrheit sehn?
Ja, Verliebten beizustehn
Muß Einem wol die Lust vergehn.

Vogt.

So die Obrigkeit zu schmähn!
Warte Bursche, Du sollst sehn,
Das kommt Dir noch schlimm zu stehn!
(er läuft erboßt fort.)

Zweite Scene.

Anton und Hans.

Hans.

Sage mir nur, ob Du denn ganz und gar verrückt
bist? Da hast Du nun wieder was Schönes angerichtet.
Ob es wol erhört ist, den Herrn Vogt um nichts so vor
den Kopf zu stoßen. Na warte nur, der trägt Dir's nach,
Du wirst es merken, wenn Dein Streit um den Kleeacker
zum Spruch kommt.

Anton (verzweifelt).

Er mag ihn mir absprechen, ich frage nichts danach.
Meinetwegen mag Alles zum Henker gehn, so halte ich

es nicht mehr aus! Ich werfe Haus und Hof dem Ersten
dem Besten an den Hals und gehe unter die Soldaten!
(geht heftig ein paar Schritte und bleibt dann finster mit verschränkten
Armen stehn.)

Hans (tritt an ihn heran).

(kleinlaut) Unter welche gehst Du denn? Unter die Mus=
ketier oder unter die Husaren?

Anton.

Geh, mir ist nicht spaßig.

Hans (gepreßt).

Mir just auch nicht. Ich wollte es nur wissen, weil
ich mich denn doch auch melden müßte.

Anton.

Du?

Hans.

Nun das kannst Du Dir doch denken, daß ich nicht
von Dir ließe. Von Kindesbeinen an haben wir immer
zusammengehalten, ich wüßte nicht, wie das Dorf mir
vorkäme, wenn Du nicht drinne wärest.

Anton
(kehret sich gegen ihn, faßt ihn bei den Schultern).

Du bist eine gute, treue Seele, Hans; wenn ich Dich
nicht hätte —

Hans.

Nun was hast Du an mir, wenn Du nicht auf mich
hörst? Sey doch nur nicht so unbändig, es kann ja noch
Alles gut werden.

Anton (ergeben).

So sage nur, was ich thun soll.

Hans.

Nichts, als was jeder Andre thut, der auf die Freie geht: Deinem Mädchen einmal gerade heraus sagen, wie Dir um's Herz ist.

Anton (nachdenklich).

Wenn ich's ihr nun sagte, ihr so Alles sagte, und sie gäbe mir eine spöttische Antwort — Hans, ich —

Hans.

Das thut sie nicht. Wenn Du es ihr gehörig vor= bringst, so geht es ihr gewiß zu Herzen.

Anton (bitter).

Gehörig vorbringen soll ich es? Ihr wol gar gute Worte geben? das Jawort abbetteln? Lieber sterbe ich zehnmal.

Hans.

Gut, so will ich mit ihr reden.

Anton.

Du nun gar nicht, Du mischest Dich gar nicht hinein. Nicht wahr? Damit Du ihr so recht nach Gevatterart zuredest, mich herausstreichst sammt Hof, Vieh und Feld und dann die Sache um Gotteswillen zusammenbringst? Nein Hans, Du bleibst ganz davon. Wenn sie mich nicht von Herzen lieb haben kann, so soll sie's bleiben lassen.

Hans.

Zum Henker, sie muß doch auf irgend eine Art er=

fahren, daß Du sie lieb hast. — Hm! (nachdenkend) Wenn
Du nur einmal etwas Rechtes für sie thun könntest.

Anton.

Sieh, da triffst Du es. Tag und Nacht wünsche ich
mir: könnte ich nur einmal Gut und Blut für sie ein=
setzen —

Hans.

Siehst Du? Das muß sie erfahren.

Anton.

Das soll sie nicht.

Hans.

Solche Gelegenheit muß sich finden.

Anton.

Da kann ich lange warten.

Hans.

Vielleicht auch nicht. — Anton, hab' guten Muth.
Eben heut hast Du vielleicht Gelegenheit, mit Suschen
gerade heraus zu sprechen, versuche es. Hilft es Dir
nichts, (pfiffig) so hilft Dir vielleicht was Andres.

Anton.

Was meinst Du damit? Hans, daß Du Dich nicht
in meine Liebschaft einmischest!

Hans (lachend).

Schon gut, schon gut, Du hast es schon einmal ge=
sagt und ich bin nicht auf den Kopf gefallen; ja, ja,
Du sollst sehen, ich bin nicht auf den Kopf gefallen.
(will fort.)

Anton.

Wo willst Du denn hin?

Hans.

Ich? — ich muß noch einmal zu Haus nachsehen,
aber ich komme wieder, gewiß ich komme wieder, indeß
mach' Deine Sache gut.

(er läuft fort)

Dritte Scene.

Anton allein

Lied.

Wohl denn, es sey,
Heute besieg' ich die Scheu!
Wie soll ich die Rede wählen
Daß sie in die Seele bringt?
Werd' ich nicht den Ton verfehlen,
　Der ihr Herz bezwingt?
Nein ich kann es ihr nicht sagen,
Und doch kann ich's nicht mehr tragen,
　Was mein Herz beschwert!

Doch muß es seyn,
Länger nicht darf ich mich scheu'n!
Muß ich das Gefühl ihr nennen
Was so unaussprechlich ist?
Sieht sie's nicht im Auge brennen
　Was kein Wort ermißt?

Nein ich kann es ihr nicht sagen,
Und doch kann ich's nicht mehr tragen,
Was mein Herz beschwert!
(er geht hinter die Schenke ab)

Vierte Scene.

Suschen und ihre Mutter treten von der andren Seite auf. Mit ihnen noch mehr Bauern und Bäuerinnen, deren Einige im Hintergrunde an den Tischen verweilen, die Meisten gehn in die Schenke.

Mutter.

Ist das nicht Anton der dort hingeht?

Suschen.

Ei nun freilich, wenn er mich kommen sieht, wendet er den Rücken.

Mutter.

Nun wenn er uns gesehn hätte, wäre er wol geblieben.

Suschen.

Euretwegen vielleicht —

Mutter (lachend).

Nun ja, meinetwegen. Als ob Du nicht längst gemerkt hättest, um was es ihm zu thun ist.

Suschen.

Mutter redet doch nicht immer so, es ist kein wahres Wort daran.

Mutter.

Es wäre nicht wahr, daß er ganz ernstlich um Dich freit?

Suschen.

Nun das wäre eine neue Art.

Lied.

Will Einer um ein Mädchen frei'n,
Da muß er sanft und freundlich seyn,
 Das sind die Andren auch.
Sie bringen Sträußer, bunte Bänder
Und manche andre Liebespfänder,
 'S ist wenigstens so Brauch.
 Wenn das die Andren thun,
 Warum thut er's denn nicht?

Vor Liebchens Fenster steht bei Nacht
Ein rechter Freier auf der Wacht,
 Ein Blick entzückt ihn schon.
Dann muß er deutlich sich bemühen
Sie allen Andren vorzuziehen,
 Was hat man sonst davon?
 Das thun die Andren all',
 Nur er, er thut es nicht!

Mutter.

Nun ich will seine Weise gerade nicht loben, aber Du kannst es doch gemerkt haben, wie schwer das Herz ihm ist um Deinetwillen.

Suschen.

Das Herz schwer? Ihm? — Ich sage Euch Mutter, er macht sich über mich lustig, denn wenn er einmal ein freundlich Wort gesagt hat, so kommt gewiß eine Grobheit hinterher.

Mutter.

Ja weil Du ihm immer so trotzig antwortest, daß er wol toll werden muß. Er ist ein reicher Bursch und braucht sich das nicht bieten zu lassen.

Suschen.

Ich bin ein armes Mädchen und lasse mir auch nichts bieten. Und sollte ich arbeiten, daß mir die Finger bluten, ich werfe mich keinem Burschen an den Hals; am wenigsten dem Anton.

Mutter.

Nun wer verlangt denn das? Aber ein freundlich Wort zu seiner Zeit —

Suschen.

Eh' beiß ich mir die Zunge ab, ehe ich dem stolzen, halsstarrigen Menschen eine Sylbe sage.

Mutter.

So recht. Wenn Du nur Deinen tollen Kopf durchsetzen kannst. Gott weiß, ich sorge Tag und Nacht um Dich und Du stößest Dein Glück von Dir, bloß aus Laune und Muthwillen —

Suschen.

Nun Mutter ich —

Mutter.

Auf diese Art sind schon bessere Mädchen, als Du bist, sitzen geblieben. Doch Du willst nicht hören. Aber wenn ich meinen Gram mit ins Grab nehme und Dich unversorgt zurücklassen muß, dann wirst Du an mich denken und — (sie weint).

Suschen
(läuft weinend in ihre Arme)

So hört doch auf Mutter! — Ich will ja Alles thun was Ihr wollt.

Mutter.

Nun nun, Du bist mein gutes Kind, weine nur nicht, ich meine es ja gut. Ich will ja nicht mehr davon reden, wenn Du den Anton nicht leiden kannst, so —

Suschen.

Das sage ich ja nicht.

Mutter.

Na, du bist auch mein gutes Kind. Sey einmal auf= richtig, mir kannst Du es ja sagen, — bist Du dem Anton gut?

Suschen.

Ach Mutter, Ihr müßt nicht solche dumme Sachen fragen, weiß ich es denn?
(verbirgt ihr Gesicht an der Mutter Schulter.)

Mutter (lächelnd).

Nu, nu, es ist ja schon gut. (fährt ihr mit der Hand über die Stirn) Der liebe Gott wird schon Alles fügen, wie es seyn soll. Wenn Du nun heut Anton siehst, so sey nicht wieder so unfreundlich, hörst Du?

Suschen.

Nein Mutter, nein, ich will mir gewiß Mühe geben.

Mutter.

Nun sey wieder vergnügt, geh zu den andren Mäd= chen. (haucht ihre Schürze an und legt sie auf Suschens Augen) Daß

nur niemand sieht, daß Du geweint hast. (Putzt an Sus=
chens Anzuge.) Und tanze nicht zu viel, hörst Du? (Klopft ihr
die Backen, nickt ihr zu und verliert sich im Hintergrunde mit den andren
Frauen.)

Suschen.

Nun heute will ich doch auch gewiß recht freundlich
seyn, wenn er nur — ach Gott, da ist er schon! — Ich
hab's der Mutter versprochen, — ich halte Wort.

Fünfte Scene.

Anton und Suschen.

Anton.

Da ist sie, ach und wie hübsch. Nun Muth gefaßt!

Duett.

Anton.

Hab guten Tag, schön Suschen!

Suschen (sehr freundlich).

Ei Anton, grüß Dich Gott!

Anton.

Ein schöner Tag ist heute.

Suschen.

Recht wie zum Fest bestellt.
Das lockt auch alle Leute.

Anton.

Man trifft sich, wie bestellt.
Nicht wahr?

Suschen (stutzig).

Wie bestellt? (nachgiebig) Nun ja,

Beyde.

Das Fest lockt alle Leute
Man trifft sich, wie bestellt.

Anton.

Es winkt mit grünem Kranze
Der Krug den Alten hier.

Suschen.

Die Jungen stellen sich zum Tanze

Anton.

Sag', tanzest Du mit mir?

Suschen (verlegen).

O ja!

Anton (empfindlich).

O ja?

Suschen.

Wenn Du nicht eine Beßre weißt —.

Anton (lauernd).

Wie sagst Du? — Beßre? — und das heißt?

Suschen.

Ei nun, es giebt der Mädchen mehr.

Anton (bitter).

Fällt Dir ein Vorwand schwer,
Den Tanz mir abzuschlagen?
Bemüh' Dich nicht zu sehr,
Du kannst es grad' heraus mir sagen.

Beide.

Nein ⎰ er
    ⎱ sie ist doch unerträglich,

21 *

Wahrlich, es ist ganz unmöglich,
Daß wir jemals uns verstehn.

Anton.

Daß Du auch heut mich kränken würdest,
Das hätt' ich nicht gedacht.
Da Du bei dem Willkommen
So hold und freundlich mir gelacht.

Suschen.

Das ist nicht wahr! — Auch wüßt' ich nicht weswegen.
Ich komme niemand freundlicher entgegen,
Als für ein Mädchen sich geziemt.

Anton.

Das läugnest Du? — Nun meinetwegen,
Es ist auch gar nichts dran gelegen,
Ich habe Deiner Gunst mich nie gerühmt.

Beide.

Nein { er
      { sie ist doch unerträglich,
Wahrlich, es ist ganz unmöglich,
Daß wir jemals uns verstehn.

Suschen.

Ist dies die Lust des heut'gen Tages?
Das hätt' ich nicht gedacht. —
Allein Du bist zufrieden,
Wenn Du Dich lustig über mich gemacht.

Anton.

Das ist nicht wahr! — Nur Du, Du suchst den Streit
Du bist es, die ihn jeden Tag erneut,
Mir ist er herzlich leid.

Suschen (gutmüthig).

Mein Gott, Du weinest ja —

Anton.

Ich? — weinen? — hahaha!
Worüber denn? — das möchte ich wol wissen,
Vielleicht weil ich das Lachen mir verbissen,
Denn lachen muß ich über Dich!

Suschen (außer sich).

Ich bin Dir lächerlich?
O wär' ich doch ein Mann,
Daß ich mich rächen könnte!

Beide.

Nein die Qual ist unerträglich,
Jede Sühne ist unmöglich,
Ewig bleiben wir entzweit!

(Beide gehn zu verschiedenen Seiten nach dem Hintergrunde. Hier kommen die Bauern aus der Schenke wieder. Gläser und Krüge schwingend, jauchzen sie laut die Neuankommenden begrüßend, welche zugleich mit ihnen von der andren Seite auftreten, diese erwidern den Juchschrei.)

Bauernchor.

Heißa, heißa! Immer munter!
Heute muß es lustig gehn.
Ohne Sorgen, drauf und drunter,
Wer wird auf die Zeche sehn.
He juchhe!
Zur Kirmeß muß man lustig seyn
He juchhe!
Der Wirth schenkt wieder ein!
(sie schütteln sich die Hände, trinken sich zu u. s. w.)

Herr Gevatter, Ihr sollt leben!
Stoßt mir nur 'mal herzhaft an,

Frau Gevatt'rin auch daneben
Und die ganze Sippschaft dran.
He juchhe!
Zur Kirmeß muß man lustig seyn
He juchhe!
Der Wirth schenkt wieder ein!

Sechste Scene.

Musikanten treten im Hintergrunde auf, von Hans angeführt, der ein weißes Hemd über seinen Kleidern trägt, eine weiße spitze Mütze, falsche Nase und Zwickelbart, eine kurze bunte Fahne in der Hand.

Seht die Musikanten kommen,
Frisch ihr Bursche, stellt euch her.
Eure Mädel hergenommen
Walzet los, die Kreuz und Quer!
He juchhe!
Zur Kirmeß muß man lustig seyn
He juchhe!
Herr Wirth, schenkt wieder ein!

(Der Chor der Bauern geht wieder in den Hintergrund, die tanzlustigen Bursche bleiben mitten auf der Bühne und mustern die Mädchen, welche sich längs der Coulissen auf Bänke und Schemel in eine lange Reihe setzen, Suschen ist unter den Ersten Anton setzt sich gegenüber an seinen Tisch, stützt den Kopf in die Hand. Die Musikanten sind mit Hans mitten im Vorgrunde stehn geblieben.)

Hans
(zu den Musikanten, heimlich).

Nun vergeßt nicht, was wir abgeredet haben. Daß Ihr nur Jedem sagt: ich gehöre zu Euch, versteht Ihr? Ihr wißt, was ich Euch dafür versprochen habe. Gelingt

mein Spaß, so schenke ich Euch noch etwas obenein:
(Da die Musikanten mit Reverenzen die Hüte abziehn.) Behaltet doch
die Deckel auf, Ihr verrathet mich ja, fort auf Euren Platz!
(Sie nehmen dicht an der Schenke Platz, auf Tonnen und Klötze grotesk
gruppirt.) Ich könnte mich todtlachen, daß das ganze Dorf
mich nicht kennt; o ich will mir prächtigen Spaß ma=
chen. Wenn das Glück gut ist, so kupple ich dem Anton
sein Mädchen noch vor dem Abendläuten. Es ist doch ein
rechtes Glück, wenn man gute Einfälle hat. (Er geht zu den
Musikanten.) Holla! Frisch Kameraden, die Fiedeln ge=
stimmt, damit wir zum Walzen kommen. (Diese fangen an
ihre Instrumente zu stimmen, was bis zum Beginn des Walzers dauert.
Einige Bauerbursche treten zu Anton, der Nächste schlägt ihn auf die
Schulter.)

Einige Bursche.

Hörst Du nicht auf, Dich mit Grillen zu plagen?
Nimm Dir ein Mädel und tanze voran.

Anton.

Eine schon hat es mir abgeschlagen,
Ich habe für heute genung daran.

Die Burschen.

Wer that es?

Anton.

Wer anders als Suschen kann's seyn?
Wer lebt mir noch sonst so zu Aerger und Pein!
(er springt auf und geht nach dem Hintergrund.)

Einige.

Die Hexe! sie hört doch nicht auf, ihn zu quälen.

Andre.

Sie meint wol, es könnt' ihr an Tänzern nicht fehlen.

Einige.

Sie müßte nur einmal sitzen bleiben,
Dann würde sie's hinters Ohr sich schreiben.

Andre.

Richtig, es fordert sie Keiner auf,
Wir setzen 'nen tüchtigen Trumpf darauf.
(Indeß treten noch einige Bauern hinzu, alle schielen nach Suschen
hinüber.)

Alle.

Warte nur Spröde,
Sey Du nur schnöde,
Theile nur Körbe aus, wenn Du noch kannst.
(unter einander.)
Ein Hundsfott, wer heute mit Suschen tanzt!

(Jetzt fangen die Musikanten den Walzer an. Die jungen Bursche gehen
zu Zweien und Dreien über die Bühne zu den Mädchen, fordern sie auf
und treten im Hintergrunde mit ihnen an. Suschen bleibt allein sitzen
Hans stößt mitten auf der Bühne seine Fahne mit dem Stachel in den
Boden, der Walzer dreht sich daherum, er selbst springt neckend im Kreise
umher. Beim Trio walzen nur drei bis vier Paare ohne Geräusch, Anton
kommt vor, auf der Seite der Schenke.)

Anton.

Hat sich für sie denn kein Tänzer gefunden?
Wie sitzt sie da, verlassen, allein.
Freilich, um mich hat sie's zehnfach verschuldet,
Doch so beschämt, das soll sie nicht seyn.
(Während des wiederkehrenden allgemeinen Walzers geht er zu Suschen
hinüber, tritt hinter ihren Stuhl.)

Anton.

Du tanzest ja gar nicht?

Suschen (ohne sich umzusehn).

Ich hab' keine Lust.

Anton.

O wie bezwing' ich die tobende Brust!
(er neigt sich zu ihr hinunter.)

Sieh nur, sie zischeln und lachen verstohlen,
Dem Spott zu entgehen, tanze mit mir!

Suschen.

Nur aus Barmherzigkeit willst Du mich holen?
Geh nur, ich will keine Gnade von Dir!

(Anton stampft mit dem Fuße und zieht sich zurück. Der allgemeine Wal= zer rauscht wieder bei Suschen vorüber, manches Paar kichert, da es in ihre Nähe kommt, sie hält heftig weinend einen Moment die Augen mit der Schürze bedeckt, schnell aber sucht sie sich zu fassen und gleichgültig zu scheinen. Der Walzer schließt, die Paare treten ab, Hans zieht die Fahne aus der Erde, kommt vor)

Hans (für sich).

Es geht Alles erwünscht, die Gelegenheit kann nicht besser seyn. Jetzt muß sie nur noch recht geneckt und ge= ärgert werden, Anton nimmt sich dann gewiß ihrer an und je weiter man das treibt, je mehr muß es nützen; wollen sehn! (er geht zu den Musikanten.)

Suschen (für sich).

Wo bleibt nur die Mutter? Ich sitze ja hier wie eine arme Sünderin. Gehe ich jetzt fort, so denken sie: ich ärgre mich, nein, und lieber will ich Alles ertragen.

Hans
(springt mitten auf die Bühne, schwenkt die Fahne)

Heda, holla! Aufgepaßt! Nun kommt ein Hopser nach der neusten Art. Paßt auf! Es kommen gute Leh= ren vor, für alle Sorten von Frauenzimmern.

(Der ganze Chor kommt aus dem Hintergrunde weiter vor, Hans ist in der Mitte, zu beiden Seiten stellen sich Paare zum Tanz an, welcher schon

von Einigen bei der Wiederholung des Refrains beginnt, danach aber
allgemeiner wird.)

Lied mit Chor.

Hans.

Vor allen guten Gottesgaben,
Muß die Dirn' 'nen Burschen haben.
    Spröde Jüngferlein
    Das bedenket fein!
Euer patziges Betragen
Muß die Bursche all' verjagen.
Wenn Ihr alt und abgetakelt,
Wenn Ihr mit dem Kopf erst wackelt
    O du liebe Zeit!
    Ja dann ist's Euch leid.
    Drum habt Acht!
Seyd früh auf einen Mann bedacht
    Juchheiraßaßaßa!
Sonst werd't Ihr ausgelacht!

Chor (lachend).

Drum habt Acht u. s. w. u. s. w.

Wenn zum Tanz die Fiedler schaben,
Muß die Dirn' 'nen Burschen haben.
    Spröde Jüngferlein
    Das bedenket fein!
Sonst bleibt Ihr im Kühlen sitzen,
Wenn die Andren selig schwitzen.
Mögt Ihr lauern, mögt Ihr lucken,
Mag's Euch in den Füßen jucken,
    Eia heidideldum!
    Niemand scheert sich drum.

Drum habt Acht!
Seyd früh auf einen Mann bedacht
Juchheiraßaßaßa!
Sonst werd't Ihr ausgelacht.

Chor (lachend).

Drum habt Acht u. s. w. u. s. w.

Terzett mit Chor.

Suschen (welche sich mühsam gleichgültig gestellt, bricht jetzt weinend aus).

Nein, ich halt' es nicht mehr aus!
Wo ist die Mutter, ich muß nach Haus.
(sie will über die Bühne nach der Schenke zu.)

Hans (ihr den Weg vertretend).

Bleib doch, Schätzchen, wohin so geschwind?
Willst Du denn gar nicht tanzen mein Kind?

Suschen.

Laßt mich!

Hans.

Tanzt denn Niemand mit der Armen,
Muß Hanswurst sich noch erbarmen.

Suschen.

Laßt mich in Frieden!

Hans (faßt sie bei der Hand, mit ihr zu tanzen).

D'rum habt Acht!
Seyd früh auf einen Mann bedacht.

Chor (einstimmend und tanzend).

Juchheiraßaßaßa!
Sonst werd't Ihr ausgelacht.

Suschen (sich losreißend).

Laßt mich, sonst nehmt Euch in Acht!

Hans (neckend).

Suse, liebe Suse, was raschelt im Stroh?

Das ist ein Hulegänschen, das ärgert sich so.

(einige Weiber lachen, der Chor sammelt sich um sie.)

Der Schuster, der macht ihr die niedlichsten Schuh',

Doch fehlt ihr noch immer ein Tänzer dazu!

Männerchor (lachend).

Suse, liebe Suse, was —

Anton (bricht durch die Menge, reißt Hans, der wieder Suschens
Hand ergriffen, von ihr hinweg. Zu ihm)

Plagt Ihn der böse Feind?

(er sieht zornig auf den Chor umher.)

Pfui über Euch!

Ein Mädchen zu höhnen,

Welch elender Streich!

Chor.

Es war ja so bös nicht gemeint!

Hans.

He was da! Die Dirn ist mein,

Hanswurst will auch einmal lustig seyn!

(er will auf Suschen zu, Anton hält ihn ab, nach augenblicklichem
Ringen entreißt er ihm die Fahne, schlägt ihn mit dem Schaft.)

Anton.

Pack' Dich, täppischer Gesell,

Sonst gerb' ich Dir das Fell!

Hans.

Recht so, recht, so muß es gehn!

Anton.

Freilich geht's, das sollst Du sehn.

Hans (kichernd).

Hau nur zu! sey ja nicht blöde!

Das gewinnet Dir die Spröde.

Anton (holt aus).

Foppst Du mich?

Hans.

Hau' immer zu!

Chor.

Anton, laß, gieb Dich zur Ruh!

Hans (lachend).

Laßt ihn doch, es geht ja gut,
Er weiß nur selbst nicht was er thut.

Anton.

Ich weiß es nicht? Du sollst es sehn!
(er schlägt ihn.)

Chor.

Nun genug, laß ihn doch gehn!

Suschen.

Anton, Anton, laß ihn gehn!

Anton (drohend)

Und Jedem soll es so ergehn,
Der mir Suschen wagt zu schmähn.

Männerchor.

Ohoho! das woll'n wir sehn!

Hans (sich den Rücken reibend).

Nun hör' auf, jetzt ist es Zeit,
Treib den Spaß nicht gar zu weit.

Anton (holt wieder aus).

Bube! spaß' ich denn mit Dir?

Männerchor (dazwischentretend).

Still! jetzt sollst Du Ruhe halten!

Anton.

Wer will mir befehlen?

Männerchor (zeigen die Fäuste).

Wir!

Denkst Du hier als Herr zu schalten?

Anton (drängt Suschen mit der Linken seitwärts. Sich schützend vor sie stellend, schwingt er den Fahnenschaft).

So kommt heran! Ich steh' Euch Allen.
Ihr büßet jeden scheelen Blick!
Und wer es wagt die Faust zu ballen,
Bei Gott! dem brech' ich das Genick!

Chor.

Ist er toll? Er droht uns Allen,
Rasch ihm in den Arm gefallen,
Dann ist Ruh' im Augenblick!

Hans.

Fürwahr, jetzt muß er ihr gefallen,
Die Balgerei macht noch sein Glück!

Suschen.

Mich zu schützen, droht er Allen.
Anton, thu' mir's zu Gefallen,
Lieber Anton, bleib' zurück!

Siebente Scene.

Indem sie sich angreifen, tritt der Vogt mit den Bütteln und dem Schreiber unter sie.

Vogt.

Halt! halt! Was giebt's hier? Friede! Im Namen
unsres gnädigen Herrn! Was ist das? Schlägerei auf
der Schloßwiese? Wer hat angefangen? Ich will's

wissen! Wer hat ausgeschlagen? (auf Anton deutend) Aha,
der hat ja den Knüttel noch in der Hand.

Der Schenkwirth.

Nun mit Vergunst, gestrenger Herr Vogt, es war
eben nichts. Anton Laube hat mit dem Fahnenschwenker
da etwas vorgehabt und wir wollten uns drein legen,
damit kein Unglück geschähe. Das ist Alles.

Mutter (kommt herbei, zu Suschen).

Aber Kind, was ist denn hier geschehn?

Vogt.

Anton Laube? — Seht doch einmal an! Ist der
Herr auch so mit der Faust vorweg, wie mit dem Maule?

Hans.

Ei laßt's nur gut seyn, er hat Niemand als mich
geschlagen und das macht nichts aus.

Vogt.

O nein, nein, lieber Pickelhering, das macht sehr
viel aus. Nein, nein, guter Hanswurst, Er soll Satis=
faktion haben.

Hans.

Ich verlange aber gar keine.

Vogt (scharf).

Er soll aber doch Satisfaktion haben, sage ich Ihm!

Hans.

Wenn ich nun aber geprügelt seyn will, wenn es mir
nun Vergnügen macht.

Wirth.

Ja mit Vergunst, Ew. Gestrengen. Das ist auch so
Sitte. Der Fahnenschwenker ist ja bloß deswegen da, um
zur Kirmeß Prügel zu kriegen.

Vogt.

Seyd Ihr schon gefragt worden, Meister Knapphans?
— Wenn er Prügel haben will, so sollen sie ihm nicht
vorenthalten werden, wozu wäre ich sonst da; aber niemand als die Obrigkeit hat das heilige Vorrecht, Prügel austheilen zu dürfen. Obenein sind diese unbefugten
Prügel im Bezirk des Schlosses ertheilt worden, das kostet doppelte Strafe. Schreiber, setz' Er sich! Es rührt
sich niemand von der Stelle, Ihr sollt Alle vernommen
werden! Zuerst nehmt einmal dem Malefikanten die
Waffe weg.

(Anton läßt sich ruhig von einem Büttel die Fahne nehmen, der
andre hat Schreibzeug aus der Schenke geholt, der Schreiber setzt sich
damit an Antons Tisch.)

Der Wirth.

Ach Ew. Gestrengen, es ist ja keine Waffe, es ist
nur die kleine Fahne, die —

Vogt (wild)

Zapft Euer Bier und kümmert Euch nicht um Kri-
minalsachen! (er bekömmt vom Büttel die Fahne, betrachtet sie)
Hm, hm, ein ziemlich starker Knüttel, und das Gesetz
sagt: Si quis aliquem fustibus percusserit — aber was
ist denn hier? (den Stachel am Fahnenstock bemerkend) Aha! —

das ift keine Waffe, fagt Ihr? Da feht einmal her, was ift das? Ein scharfes Eifen ift es, eine offenbare Mord= waffe.

Der Wirth und Andre.

Aber Geftrenger —

Vogt.

Millionenelement! werdet ihr ruhig feyn! (er hebt die umgekehrte Fahne hoch) Ein ferrum acutum ift es, in mörde= rischer Abficht innerhalb des Burgbannes erhoben. Ein hochverrätherisches Verbrechen, wofür nach uralter, hoch= nothpeinlicher Halsgerichtsordnung dem Malefikanten die rechte Hand abgehauen wird.

Suschen.

Gerechter Gott!

Vogt.

Manus ei amputetur lautet der klare Buchftab des Gefetzes und davon weiche ich kein Haar breit ab.

Mutter und andre Frauen.

Ach Gott fteh uns bei! der arme Menfch!

Hans.

Ei geftrenger Herr Vogt, es ift ja Alles nur Spaß gewefen. (reißt Mütze und Nafe ab) Seht doch her, wißt Ihr nicht wer ich bin?

Chor (lachend)

Ah feht da, Hans ift es! Das ift ein toller Spaß!

Anton (erstaunt).

Hans, Hans! Was stellt denn das vor? Mein Gott,
und ich habe Dich so geschlagen!

Hans.

Ja mein Seel', Du hast tüchtig zugehauen, aber
schad't nichts, es war gut gemeint.

Suschen (zur Mutter).

Was soll denn das bedeuten?

Hans.

Nun Ew. Gestrengen, nun seht Ihr doch, daß hier
kein ernstlicher Streit war.

Vogt (der wie verdutzt stand).

O ihr höllisches Gesindel! Denkt ihr die Obrigkeit
hinter's Licht zu führen? Nun wollen sich die Partheien
vertragen, da es zur Geld = oder verhältnißmäßigen Lei=
besstrafe kommen soll? O ja doch! Denkt das Bauern=
volk, ich wäre bloß seiner Fünfgulden=Prozesse wegen
wohlbestallter Gerichtsvogt allhier, und sollte mir einen
merkwürdigen Kriminalfall aus der Nase gehn lassen?
(zu Anton) Könnt Ihr den thätlichen Angriff läugnen?

Anton.

Ich läugne ihn nicht, er thut mir herzlich leid.

Vogt.

Äh, daran ist nichts gelegen. Genug, daß Ihr das
Attentat eingesteht. Schreiber nehmt es zu Protokoll,
verfaßt den Rapport an die gnädige Herrschaft, damit

der Malefikant ungesäumt in den Bauernzwang abgeliefert werden kann, von wannen kein Entrinnen mehr ist.

S u s ch e n.

Mein Gott, sie sind ja aber die besten Freunde!

M u t t e r und Ch o r.

Ja wohl!

V o g t (mit erhobner Stimme).

Der Missethäter ist flagranti crimine ergriffen worden, das corpus delicti ist in meiner Hand und daß er seinen besten Freund hat umbringen wollen, macht sein Verbrechen noch schlimmer.

H a n s und Ch o r (murrend).

Nein das ist unerhört! Es so auszulegen —

V o g t (schlägt mit dem Stock auf den Tisch).

Ruhe sag' ich! Silentium!

A r i a.

V o g t.

Potz Element! Wer muckst hier noch?
Den werfe ich in's Hundeloch!
Denkt Ihr in Eurem dummen Sinn
Daß ich zum Spaß Gerichtsvogt bin?
Wer raisonnirt,
Noch protestirt,
Wer querulirt,
Nicht Ordre parirt —
Wird inhaftirt,
Straks inquirirt,
Kurz resolvirt,

22*

Streng kondemnirt
Und zur Strafe abgeführt.
Denn wer die Obrigkeit nicht venerirt,
Wer ihren Spruch nicht blindlings respektirt,
Verdient, daß er den Galgen ziert.
Wer raisonnirt,
Noch protestirt,
Wer querulirt,
Nicht Ordre parirt —
Wird inhaftirt,
Straks inquirirt,
Kurz resolvirt,
Streng kondemnirt
Und zur Strafe abgeführt.
Denn wer die Obrigkeit nicht venerirt,
Wer ihren Spruch nicht blindlings respektirt,
Verdient — daß ihn ein Millionentausendbombendonnerwetter
regiert!

Anton.

Herr Gerichtsvogt, sagt nur rund heraus, was ich zu
zahlen habe, ich werde mich nicht sperren; aber treibt
Eure Rache nicht weiter, als Ihr vor Gott und Menschen verantworten könnt.

Vogt.

Von Gott ist die Obrigkeit eingesetzt, um sich an
keinen Menschen zu kehren. Das Gesetz spricht Euch die
Hand ab.

Hans.

Ei solche alte Gesetze gelten heut zu Tage nicht mehr.

Vogt (geht auf ihn los).

Gelten nicht mehr? Naseweis! pax publica anni domini ein tausend ein hundert und siebenundfunfzig gälte nicht mehr? Ist nicht erst neulich, vor 200 Jahren, wie die Inschrift an der Schloßmauer bezeugt, dem Peter Andrees die Hand abgehauen —

Wirth und mehrere **Bauern.**

Ja wahrhaftig, das ist wahr, man kann's noch lesen.

Hans (entschieden).

Herr Gerichtsvogt, wenn denn Einer gestraft werden muß, so bin ich es. Ich habe den Streit angefangen, ich —

Vogt.

Gut, gut, Ihr sollt auch gestraft werden, aber Einer nach dem Andern. (zum Schreiber) Ist der Rapport fertig? (zum Büttel) So trage Er ihn sogleich aufs Schloß und bringe Er mir die gnädige Resolution zurück. Indeß will ich die übrigen Zeugen und Malefikanten verhören. Nehme Er das corpus delicti mit, aber trage Er es, wie sich's gehört: das mörderische Eisen voran. (der Büttel geht.) Ihr aber (zum andren Büttel) legt Hand an den Verbrecher, daß er nicht entwischt und bringt ihn bei Seite! (er setzt sich zum Tisch.)

Anton (zu Hans, der ihn nicht lassen will).

Laß doch nur, laß, es wird so schlimm nicht werden.

Hans.

Nein, ich lasse Dich nicht; sie sollen mich mit Dir gefangen setzen!

Vogt (zu Hans).

Wollt Ihr Euch der Obrigkeit widersetzen?

Anton (wird auf die andre Seite des Tisches, von Hans und Suschen abgesondert, geführt).

Suschen.

Herr meines Lebens, sie nehmen ihn wirklich ge= fangen!

Mutter.

Ach du lieber Gott!

(fast zugleich.)

Hans (zu Suschen).

Ach wundert Euch nur noch darüber, Ihr seyd doch im Grunde an Allem Schuld.

Anton.

Hans, wirst Du schweigen!

Suschen.

Ich?

Hans (heftig).

Wer denn sonst? Eure Hartherzigkeit hat den armen Jungen so bethört, daß er sich heut' mit dem Vogt über= worfen, bloß um Euch zu vertheidigen. Ich habe mich ja nur so ausgeputzt, um Euch an einander zu bringen, weil ich Anton's Herzeleid nicht mehr mit ansehen konnte, und nun —

Suschen.

O mein Gott! mein Gott! das überleb' ich nicht!

Anton.

Hans, redeſt Du noch ein Wort, ſo ſind wir auf im=
mer geſchiedene Leute.

Hans (wild).

Das werden wir ohnehin bald ſeyn, alſo iſt mir jetzt
Alles eins. Habe ich ſo lange Dummheiten geredet, kann
ich auch wol was Geſcheudtes ſagen!

Vogt.

Nun Hans Birkenfeld, in wie fern ſeyd Ihr am
Streite Schuld?

Hans (außer ſich).

An dem Streite bin ich ganz allein Schuld, Ihr
könnt mich nur gleich hängen oder köpfen laſſen. Ich
habe Anton gereizt, ihn zornig gemacht, habe mich aus=
geputzt, daß er mich nicht kannte, ich habe auch wol
zuerſt geſchlagen.

Anton.

Nein, das haſt Du nicht.

Hans (wüthend).

Das habe ich wohl! — Herr Vogt, ich verſichre
Euch, ich habe ihm zuerſt eine Ohrfeige gegeben und
wenn Ihr's nicht glauben wollt, ſo thu' ich's gleich noch
einmal! (er will auf Anton los.)

Vogt (ſtreckt den Stock dazwiſchen).

Will Er wohl! Iſt der Kerl des Teufels?

Hans.

Ja, ich will des Teufels ſeyn! Ihr ſollt und müßt

mich in's Hundeloch sperren, denn ich bin an Allem
Schuld, weil ich ein Esel war und einen klugen Einfall
haben wollte. Verflucht sey meine Schlauheit, vermala=
deit der dumme Spaß, er macht meinen besten Freund
zum Krüppel!

(Er reißt das Hemd entzwei, wirft die Kappe zu Boden und tritt sie
mit Füßen.)

Vogt.

Besessen seyd Ihr ganz und gar! — Die Sache wird
immer verwickelter — mir wird ganz wirblicht. (steht auf.)
Millionenelement! wer ist denn eigentlich an dem Streite
Schuld?

Finale.

Suschen (welche sichtlich in heftigem innerem Kampfe bei dem Vor=
gange war, tritt vor).

Ich bin's, ich allein,
Alle Schuld ist mein,
Mein muß auch die Strafe seyn!

Mutter.

Kind, was fällt Dir ein?

Anton und Hans.

Ha, was soll das seyn?

Vogt.

Ei so schlag' der Donner drein!
Jetzt will die auch noch schuldig seyn.

Chor.

Sagt, was fällt nur Suschen ein?

Vogt.

Das ganze Dorf wol stellt sich noch,
Will mit Gewalt in's Hundeloch.

Ha wenn ihr denkt
Es wird euch geschenkt,
Sollt ihr euch irren.
Will euch schon kirren!
Straks inquirirt,
Kurz resolvirt,
Streng kondemnirt
Und zur Strafe abgeführt!

Suschen (weinend).

Eure Rache fürcht' ich nicht,
Ja ich sag's Euch in's Gesicht
Ihr seyd ein alter Bösewicht!

Chor.

Ha fürwahr, das ist zu toll!
Mutter.
Suschen schweig, bist Du denn toll?
Vogt.
Jetzt ist das Maaß der Frevel voll,
(zum Schreiber)
Bringt mir den Bösewicht zu Protokoll.

Anton (zum Vogt).

Achtet doch nicht, was sie spricht,
Ich will meine Strafe leiden.
Hans (zum Vogt).
Hört doch auf die Thörin nicht,
Ich nur darf die Strafe leiden.
Suschen.
Nein ich weich' und wanke nicht,
Anton soll um mich nicht leiden!

Chor.

Bald wird Alles sich entscheiden,
Streitet doch nicht länger d'rum.

Vogt.

Ruhe! Still! Silentium!
Mir wird noch der Kopf ganz dumm.

(Er setzt sich an den Tisch und bleibt mit dem Schreiber beschäftigt, ohne
die Aufmerksamkeit auf sich zu ziehn.)

Anton (zu Suschen).

Soll ich mir denn auch Dein Mitleid
Nicht einmal erwerben können?
Selbst die Lust, für Dich zu leiden
Willst Du lieblos mir mißgönnen?

Suschen.

Anton, lieblos nennst Du mich?
Laß mich unsren Zwist entgelten,
Finde jeden Fehl an mir,
Aber lieblos mich zu schelten,
Anton, das ist hart von Dir!

(sie wischt sich mit beiden Händen die Augen.)

Anton (eilt erschüttert zu ihr)

Suschen, wie verkennst Du mich!

Mutter (nimmt Suschen in den Arm)

Suschen, Kind, erhole Dich!

Hans.

Ha was gilt's, jetzt beugt sie sich.

Chor.

Seht nur, sie ist außer sich.

Anton.

Schweige nur jetzt,
Da Aller Augen auf uns sehn.

Suschen (ſich heftig von ihrer Mutter losmachend).
           Nein aller Welt
             Will ich es laut geſtehn,
         Daß ich mich ſchwer an Dir vergangen,
         Daß ich Verzeihung muß erlangen,
             Oder nicht mehr leben kann!
               (zum Vogt.)
       Wenn ich damit ſein Unglück wende,
       Hier nehmet meine beiden Hände,
             Kühlet Eure Rache d'ran!

             Anton.
       Suschen, was ſoll das bedeuten,
       Wozu will Deine Großmuth Dich verleiten?

             Suschen.
           O denke nicht ſo gut von mir,
         Mein eignes Leben rett' ich ja in Dir,
         Denn wende ich von Dir nicht die Gefahr,
             Bin ich verloren ganz und gar!

             Anton.
         Hör' ich recht? Iſt es denn wahr?
             Mutter und **Chor.**
       Du ⎫   Dich ⎫
       Sie ⎭ vergißt ſich ⎭ ganz und gar!

             Suschen.
       Verſtehſt Du mich noch nicht, Du harter Mann?
       Siehſt Du mich immer noch mißtrauiſch an?
       Fühlſt Du denn nicht, wie es mich zu Dir zieht
               (an ſeine Bruſt fallend)
       Und daß ich ſterben muß, wenn Dir ein Leid geſchieht?

             Anton.
       Du engelſüßes Kind, ſo biſt Du mein?

Chor

O welch ein rührender Verein.
Die Engel im Himmel müssen sich freu'n.

Suschen (von Antons Brust zu ihm aufblickend).

Sag' Anton, kannst Du mir vergeben?

Anton.

O sprich nicht aus, mein einzig Leben!
Ich trage größre Schuld als Du.
Gieb Dich zu Ruh,
Nun lacht uns lauter Glück und Freude zu!

Vogt.

Hoho! Es scheint ihr habt vergessen,
Daß ich hier zu Gericht gesessen.

Chor.

Ach Eure Freude läßt vermessen
Des harten Spruches euch vergessen!

Suschen.

Nein wir dürfen nicht verzagen,
Denn wir stehn in sichrer Hut.
Treue Liebe lehret wagen,
Lehret hoffen und ertragen,
Und mir sagt mein froher Muth:
Alles, Alles wird noch gut!

Anton, Hans, Mutter und Chor.

Nein wir wollen nicht verzagen,
Stehn wir doch in Gottes Hut.
Treue Liebe lehret wagen,
Lehret hoffen und ertragen.
Ja es bürgt der frohe Muth:
Alles, Alles wird noch gut!

Anton.

Nun so mag mein Urtheil fallen,
Hier vor Allen
Nenn' ich laut
Suschen meine Braut.
Herz und Hand gehören ihr —

Vogt (springt auf).

Halt da! Das verbitt' ich mir.
Euer Herz mögt Ihr verschenken,
Da will ich nicht protestiren,
Aber über Eure Hand
Könnt Ihr nicht mehr disponiren,
Alldieweil und sintemalen
Sie der Justiz verfallen.

Suschen (Antons Hand faßend).

Nein man soll sie mir nicht rauben!

Anton.

Kind, wo ist Dein heitrer Glauben?
Noch bin ich frisch, noch bin ich frei.

Hans.

Das bin ich auch und steh' Dir bei.
Wir halten Stand, sind unsrer zwei,
So leicht kommt man uns doch nicht bei!
(stellt sich zu ihm, die Aermel kampffertig aufstreifend.)

Chor (aus dem Hintergrunde).

Habt Acht! Wir sehn den Büttel schon!

Vogt.

Aha! Jetzt kommt die Resolution.
Silentium! Jetzt habet Acht,
Nun wird dem Spaß ein End' gemacht.
(Er empfängt vom Büttel ein versiegeltes Schreiben, öffnet es behutsam,

läßt einen Stuhl hinter sich, in die Mitte der Bühne stellen, die Büttel
treten zu seiner Seite.)

Vogt.

Jetzt merkt wohl auf! Silentium!

In Ehrfurcht spitzt die Ohren und seyd stumm!

Die Hüte ab! Silentium!

Silentium perpetuum! (setzt die Brille auf.)

(er liest) „Anton Laube zahlt 20 Gulden,

Bei Strafe der Exekution.“

Chor.

Er ist begnadigt, alle Noth zu End'!

Vogt.

Silentium! Mordtausendelement!

Denkt ihr damit ist's abgethan?

Das Urtheil fordert nur voran,

Wie die Justiz gewöhnlich thut,

Erst das Geld und dann das Blut. —

Jetzt kommt das Beste, nur gemach!

(liest) „Dem Herrn Vogt laß ich insinuiren:

Mit sei — mit seiner“ — Jetzt trifft mich der
Schlag!

(läßt den Brief fallen, sinkt in den Stuhl zurück.)

Chor.

Was ist dem Herrn Vogt geschehn?

Hans.

Still, laßt mich sehn! (nimmt den Brief auf und
liest) „Dem Herrn Vogt laß ich insinuiren:

Mit seiner Albernheit mich nicht zu molestiren.

(Der Vogt springt auf, mit einem Griff den Brief zusammenballend.)

Hans und Chor.

Heißa, ho, Anton ist frei,

Alles Unglück ist vorbei!

Vogt (grimmig).

Man thut sich moquiren,
Will nicht mehr pariren,
Mich nicht respektiren,
Die hohe Obrigkeit nicht veneriren.
Da muß ein Millionentausendbombendonnerwetter euch regiren!

(läuft fort.)

Hans (zu Anton).

Siehst Du wohl?
Ich habe doch Dein Glück gemacht,
Hat mir's auch Prügel eingebracht.

> Juchheiaßaßaßa!
> Das hab' ich gut gemacht!
> **Chor.**
> Juchheiraßaßaßa!
> Das hat er gut gemacht!

Anton (zu Suschen*)

Ja, drohten mir nicht Schwerdt und Banden,
Du hättest nimmermehr gestanden,
Daß mir Dein Herz gehört.
Nun hast Du laut bekannt
Was Andre leis gestehn.

Suschen**).

Könnt ich Dir die Leiden sagen,
Die ich Tag und Nacht getragen,
Daß du mich verkannt —
Nein ich kann es Dir nicht sagen.

(sinkt an seine Brust.)

---

*) Erinnerung an Suschens Lied.
**) Erinnerung an Antons Lied.

Hans.

Ei vergeßt doch, was vergangen.
Kannst Du die Braut denn wohlfeiler verlangen,
Für 20 Gulden ist sie Dir bescheert,
Und die ist sie doch unter Brüdern werth!

Hans und Chor.

Nun kann man wieder lustig seyn
Hejuchhe!
Auf Hochzeit sich und Kindtauf freu'n
Hejuchhe!
Das Brautpaar lebe hoch!

(Der Vorhang fällt.)

Ende des zweiten Bandes.

Druck von Breitkopf und Härtel in Leipzig

Lightning Source UK Ltd.
Milton Keynes UK
UKHW031615290119
336402UK00009B/349/P